融媒体时代的
新闻传播创新研究

刘颖慧◎著

中国原子能出版社
China Atomic Energy Press

图书在版编目（ＣＩＰ）数据

融媒体时代的新闻传播创新研究 / 刘颖慧著 . -- 北京 : 中国原子能出版社, 2021.1（2023.1重印）

ISBN 978-7-5221-1191-9

Ⅰ. ①融… Ⅱ. ①刘… Ⅲ. ①新闻学—传播学—研究 Ⅳ. ①G210

中国版本图书馆CIP数据核字(2021)第026067号

融媒体时代的新闻传播创新研究

出　　版	中国原子能出版社(北京市海淀区阜成路43号 100048)	
责任编辑	蒋焱兰（邮箱：ylj44@126.com QQ：419148731）	
特约编辑	刘　丹　蒋　睿	
责任印制	赵　明	
印　　刷	河北宝昌佳彩印刷有限公司	
经　　销	全国新华书店	
开　　本	787mm×1092mm 1/16	
印　　张	13.25	
字　　数	200千字	
版　　次	2021年1月第1版	2023年1月第2次印刷
书　　号	ISBN 978-7-5221-1191-9	
定　　价	75.00元	

出版社网址：http://www.aep.com.cn　E-mail：atomep123@126.com
发行电话：010-68452845

前 言
Preface

推动传统媒体和新兴媒体融合发展，是党中央着眼巩固宣传思想文化阵地、壮大主流思想舆论做出的重大战略部署。习近平总书记强调，要加快传统媒体和新兴媒体融合发展，充分运用新技术，应用创新媒体传播方式，占领信息传播制高点。

党的十八届三中全会提出，要整合新闻媒体资源，推动传统媒体和新兴媒体融合发展。要认真学习领会中央精神，进一步统一思想、提高认识，切实增强推动媒体融合发展的紧迫感、责任感、使命感。

党的十九届四中全会就"完善坚持正确导向的舆论引导工作机制"做出重要部署，提出"构建网上网下一体、内宣外宣联动的主流舆论格局"。面对5G、人工智能和媒体融合发展的新形势，如何打造一支政治过硬、本领高强、求实创新、能打胜仗的宣传思想工作队伍，对于完善坚持正确导向的舆论引导工作机制至关重要。习近平总书记强调，"不断增强脚力、眼力、脑力、笔力"，"努力成为全媒型、专家型人才"。融媒体时代，新闻工作者锤炼"四力"要坚持守正创新，一方面秉持我国新闻工作的优良传统；另一方面则要主动学习新的传播知识、传播技术、传播思维和传播方法，练就媒体融合传播的真本领。

当前，网络和数字技术裂变式发展，带来媒体格局的深刻调整和舆论生态的重大变化，新兴媒体发展之快、覆盖之广超乎想象，对传统媒体冲击之大、影响之深也超乎想象。以互联网为代表的新媒体从诞生到逐步发展壮大,深刻改变了旧有的新闻传播方式,系统重塑了新的媒介生态和传播格局,媒介融合已经成为媒体发展的新趋势。在这一变局中,新闻传播也正应势而动,从规则、流程到渠道、方式都在发生巨变。鉴于此,作者特策划撰写了《融媒体时代的新闻传播创新研究》一书,以期能够使更多的人对融媒体时代新闻传播及其创新发展的相关知识有所了解。

媒体融合发展是传媒领域一场重大而深刻的变革,但传统媒体和新兴媒体并不是一个简单的此消彼长的关系,而是在一定条件下,比如在融合发展的条件下此长彼长的态势。近年来,传统媒体与新媒体不断融合,新闻源发生了结构性变化,新闻形式和采编手段不断创新。随着社会生产力水平的不断提高和科学技术的不断发展,新闻传播活动已经成为社会中的一种普遍现象,无时无刻不在为人们的生活服务。它既是文化的使者,又是文化的载体;既是阶级、政党、国家的事业,又是社会的、人民群众的舆论工具;既是阶级性、政治性、意识形态性的事业,又是一种信息性的、知识化的开放型产业。

目 录
Contents

第一章 融媒体与融媒体时代

第一节 融媒体的概念、要素和特点

一、厘清"融媒体"及相关概念

2014年,被称为"中国媒体融合元年"。这一年的8月18日,中央全面深化改革领导小组第四次会议审议通过《关于推动传统媒体和新兴媒体融合发展的指导意见》。随着中国传媒领域的改革不断深化,融合发展力度、深度不断加强,传统媒体与新兴媒体融合发展成为国家战略,媒体融合发展被提升到深化改革的战略层面。互联网等作为创新先导力量,推动着媒体行业的巨大变革,目标直指打造新型主流媒体以建立现代传播体系。2014年4月,时任中宣部部长刘奇葆在《人民日报》发表《加快推动传统媒体和新兴媒体融合发展》,提出五点要求:推动媒体融合发展是一项紧迫的战略任务,努力形成适应媒体融合发展的观念和认识,瞄准和利用最新技术推动融合发展,进一步增强媒体信息内容的核心竞争力,建立适应融合发展的组织结构、传播体系和管理体制。

半年后,《光明日报》正式推出"融媒体"概念。总编辑何东平提出三点新论:"融媒体"是让不同媒体间互相激发,产生化学反应,最终打造出一个更有渗透力和竞争力的新型主流媒体;今后相当一段时期,融合发展后的媒体既不是单纯的新媒体,也不是一成不变的纸质媒体,而是融合之后的"融媒体";"融媒体"最符合广大受众的需求。《光明日报》副总编辑、融媒体中心主任陆先高认为,融媒体的概念重在"融",重在将机构媒体分散在传统媒体和新媒体部门的内容资源、采编队伍、采编资源、采编发流程、产品形态、传播渠道、技术解决方案、市场对接等,融合到一个统一的平台上来解决。

（一）"融媒体"是中国"媒体融合"尚在起步阶段的产物

在全球化媒体融合形势的催逼下，大规模的媒体融合已经成为一种必然趋势，而网络媒体的兴起则直接促成了国内多媒体融合的步伐。然而，到目前为止，国内大规模的媒体融合尚处在起步阶段，媒体之间的融合主要还是报纸与网络之间，广播、电视与网络之间的单向融合。面对挑战，传统媒体必须进行变革；"整合新闻媒体资源，推动传统媒体和新兴媒体融合发展"乃是传统媒体寻路图强的当务之急。《光明日报》"顺势而为"行"融媒体"之实，实乃报业全面变革的必由之路，"融媒体"是中国"媒体融合"当下在起步时迈出的重要一步。

须知媒体融合是一个漫长而艰难的过程，其"初级阶段"是传统媒体与新兴媒体并举并重的阶段，对两个部分要等量齐观。正如《光明日报》总编辑何东平所言，"光明日报发展'融媒体'，是在纸质媒体充分发展的同时进行的。"

（二）应用"互联网思维"，看"融媒体"之发展路径

媒体融合发展最重要的是践行互联网的思维方式，即开放的、平等的、共享的和技术引领的思维方式。

在20世纪末，信息革命出现以前，电信、电视和计算机通常被看作是不同的技术，分别被不同的厂家生产、为不同的学科领域所研究。融合是指多种技术的相互结合，事实上几乎涵盖所有的传播媒介。这个词语现在已经不单单用于技术，而且还与工业和制度的结构密切相关，同时社会和文化标准也塑造着或者正在被融合媒体塑造着。

用互联网思维谋划融合：媒体融合应该是"联姻"而不是"分家"，是"嫁接"而非"换盆"，是"化学反应"而非"物理反应"。光明日报之"融媒体"，系理念、流程、技术、产品、队伍、渠道和市场的融合与互联互通。光明日报融媒体中心为报社媒体创新的技术平台，是全社新媒体内容的加工基地，承担所有新媒体领域的技术支撑，并负责产品设计和市场对接。媒体真正的王牌是特色经营，无论内容还是渠道，打造适合自己的特色

才能真正立于不败之地。

(三)"融媒体"可视为媒体融合时代"中国版"的开拓者

媒介融合其实是在数字技术和网络技术等推动下实现的,是其内容、渠道、终端、组织等不同层面相互渗透和相互交融的过程。数字化与网络技术的发展为主要驱动力量,市场需求的变化、媒介竞争的加剧以及媒介产业的制度创新亦是重要的推动因素①。

光明日报的"融媒体"于中国"媒体融合"的发展元年"呱呱坠地",担当的是开拓者或曰急先锋的重任。2014年10月25日,《光明日报》宣布成立"融媒体中心",即把分散的内容资源、采编队伍、采编发流程、产品形态、传播渠道、技术解决方案、市场对接等,整合到统一的融媒体平台上,此乃一个"拐点",标志着媒体融合时代之"中国版"整装待发!

"融媒体"≠"新媒体"。New Media(新媒体)一词源于美国CBS(美国哥伦比亚广播电视网)技术研究所所长P·戈尔德马克的一份商品开展计划(1967年)。"新媒体"是一个通俗的说法,严谨的表述当为"数字化互动式新媒体"。从技术上看,"新媒体"是数字化的;从传播特征看,"新媒体"具有高度的互动性。"数字化""互动性"是新媒体的根本特征。"新媒体"是一个相对概念,其内涵会随着传媒技术的进步而有所发展,但从人类传播史的角度而言应是一个时代范畴,特指"今日之新"而非"昨日之新"或"明日之新"。清华大学新媒体传播研究中心主任熊澄宇说,新媒体是一个相对的、时间的、发展的概念。任何一种媒体都处在发生、发展、变化、完善的过程中。所以现在的媒体形态,依旧是新旧并存、功能互补、边缘融合、形态创新。现如今之新媒体,特指以数字技术为支撑体系的媒体形态,也就是网络媒体与手机媒体。如前所述,光明日报首创的"融媒体"概念是"喜新不厌旧"的,"新媒体"一说不能囊括"融媒体"。

"融媒体"≠"全媒体"。资深媒体人栾轶玫撰文"建议用'融媒体'代替'全媒体'",笔者以为不妥。在基本概念上,"全媒体"被界定为一种传播形态,是指综合运用多种媒体表现形式,如文、图、声、光、电,来全方位、立体地展示传播内容,同时通过文字、声像、网络、通信等传播手段来

---

① 栾轶玫.融媒体传播[M].北京:中国金融出版社,2014.

传输的一种新的传播形态。《光明日报》总编辑何东平指出，全媒体解决了媒体品种多样采用的问题，但这只是物理融合，而"融媒体"之果则是化学反应而不是物理反应。两者看似差不多，实则不同。融合发展要实现新突破，关键要顺应互联网传播移动化、社交化、视频化的趋势，把当今可用的新技术全用上，以达到最好的水准，融合发展之最佳效果应该是缔造新型主流媒体。笔者认为，如此方才符合媒体融合的本真涵义：就是"各种各样的技术和媒介形式都汇集到一起"，在信息传播技术快速发展和人类精神文化需求不断增长的双重力量推动下，各种新旧媒体和各类信息媒介相互汇聚、渗透和交融，并日趋融通一体化。

二、融媒体时代下新闻策划和建构媒介融合机制的要素

（一）融媒体时代下新闻策划的要素

1. 主题要素

在新闻策划时，必须要找准主题，准确把握好策划方向，清楚地表达出主题。比如，在庆祝中华人民共和国成立七十周年时，策划者要从新的切入点去策划报道，更好地引起受众的注意。在教师节前后，可以推出新时代师生关系的策划，提高新闻策划的创新性。

2. 节点要素

节点要素是新闻策划的重要要素之一，特别是在融媒体时代下，更要重视节点要素，加强新闻与时间节点的结合。比如，在中秋节前后，新闻策划人员可以与博物馆等文化场所联合推出活动，开放博物馆夜游，并同步推出讲座、音乐会、诗歌朗诵、书画鉴赏、汉服制作等活动，感受博物馆中秋夜的特别之美，领略中国传统文化独特之韵。

3. 平台要素

融媒体时代给新闻报道提供了更多的传播平台，所以新闻策划人员要加强对平台要素的把握，选择恰当的平台报道恰当的新闻内容。融媒体时代下，大量的商业化平台不断出现，所以新闻报道的形式也出现了较大的差异，新闻策划人员必须了解不同平台的特性，结合受众的喜好做好新闻策划。在策划时，还要结合平台特点进行调整，保证新闻策划的准确性，提高受众的关注度。

4.技术要素

技术要素主要是指通过何种技术形式向受众传播新闻内容。融媒体时代下,新技术不断出现,解决当前技术存在的问题和运用新技术是当前新闻工作的主要内容。

比如,在新闻报道中可以使用AR技术营造身临其境的感觉,或者运用VR技术将不同时空的画面集合在一起,营造出时空错乱的感觉。因此,新闻工作者要加强对新技术的了解和掌握,提高自身的技术水平。

5.终端要素

终端要素是融媒体时代对新闻策划的最高要求,也是日常工作中最容易忽略的要素之一。终端要素主要包括两个维度——操作系统和显示屏。不同的操作系统,即使内容相同,其呈现效果也有差异。比如日常使用的安卓系统和IOS系统在操作上会存在一定差别,从而影响新闻的传播效果。而显示屏也是影响新闻传播的因素之一,显示屏的尺寸、清晰度等都会影响新闻效果。

(二)建构媒介融合机制的核心要素

在对媒介融合机制的核心要素进行建构时,首先应该保障该运作方式与系统的各个部分可以紧密的相结合,从而促使其能协调发挥出最大的作用。这就表明了媒介融合必须清楚新媒体与旧媒体之间的联系,并且进一步协调两者直接的关系。在这个过程中,主要的要素包括:系统机制、合作机制、创新机制、协调机制。

1.系统机制

系统机制是一个完整的、具有重大意义的机制,在这个系统中,包含了报纸、广播、电视、计算机、手机等组成要素,各要素之间又存在着相互关联相互影响的关系,而系统机制就应该存在于它们之间,对各个部分的发展起着推动的作用,同时促进各方的互补和合作。媒介融合便是个体之间相互关联相互促进的过程,因此要求系统媒介具有较高的生态整体观,在工作时对多方进行兼顾,促使它们共同协作完成最终目标。

2.合作机制

合作机制指的是具有高协同能力的机制,主要指的是主流媒体与互联网公司的互补与合作,主要的内容包括了技术平台与信息平台的合作。合作机制是加快媒介融合的关键环节。

3.创新机制

创新机制是媒介融合的基本环节,在融合的过程中,需要依靠大量先进的技术,这就需要创新机制,对技术以及融合环节进行实时的创新。

以上海新闻报业集团隶下的澎湃新闻网为例。它是一家专注于实时政事的新闻平台。澎湃新闻网对新闻板块进行创新,并且在2014年8月份推出了全新的两个新闻模块,即"上海观察""界面"。依靠自身优质的新闻内容从而招揽了大量的广告的注入,取得了较多的利润,获得了网站发展的根本动力。2020年7月22日,澎湃新闻通过线上发布会的形式宣布了最新战略,在做好互联网新型主流媒体的同时,致力于成为全链条内容生态服务商。目前,澎湃新闻有APP、IPAD、PC和WAP四端,兼具微信、微博、抖音、快手等多个平台,新闻内容全网分发,拥有很强的社会的公信力、传播力、影响力。截至2020年6月,澎湃新闻APP端安装用户已超1.78亿,日活用户达到1060万,每日全网阅读数超过4.5亿。2017—2020年,澎湃新闻获得中国新闻奖、亚洲出版协会SOPA、美国SND全球数字媒体设计大奖等近150个国内外奖项荣誉。

4.协调机制

协调机制主要指的是制度之间的协调方法,主要内容就是对各个因素之间地位与作用关系的协调和规整。协调机制主要有政府部分担负,政府通过政策的发布、鼓励对策的实施等方法建立一个开放、规整、包容的媒介市场,保证媒介市场的和谐稳定发展,最终达到促进媒介融合的目标。

随着时代的发展,人民的生活水平逐渐提高,为了满足人类日益增长的文化需求,媒介融合是必经之路。各个媒体只有不断地对构建媒介融合机制核心要素进行分析和探索,才能加快媒体融合的速度,为文化的传播做出贡献。

三、融媒体的特点

(一)融媒体时代新闻传播特点演变探究

伴随融媒体时代的到来,无论是对新媒体行业还是传统媒体行业而言都需要结合市场形势的变化不断进行科学探索研究,根据公众的需求积极进行模式和方法创新,这样才能切实提升信息管理成效,提升节目的关注度,更好地赢得市场。融媒体时代新闻传播也发生了一些新的特征变化,为此需要新闻传播工作者加强新环境的分析研究,并不断提升专业技术水平,才能切实为推动新闻传播行业的持续发展壮大提供强大的基础支持。传统媒体和新媒体并行发展,对于新闻传播领域而言无疑是新的挑战和机遇。加强融媒体时代新闻传播特点演变的探究,意义深远。

1.融媒体时代的内涵及对新闻传播行业带来的影响分析

融媒体时代是指传统媒体和新媒体融合发展的时代,是随着现代信息技术不断发展而逐渐形成的新的发展时期。对于媒体行业而言,既需要总结传统制播经验,巩固核心发展优势,同时也需要立足市场、结合公众的需求等不断进行新技术、新理念的开发研究,这样才能切实为公众提供更好的信息载体,切实让公众感受到新闻传播行业带来的新变化,推动新闻行业领域实现持续健康长远发展。

融媒体时代的到来,改变着新闻媒体领域的发展格局,对于新闻传播行业而言带来了新的变化和影响。一方面传统新闻传播载体已经不再是公众唯一的关注对象,越来越多的新媒体载体平台不断出现,为公众带来了很多的新鲜元素,公众的关注更加分散化,需求也日益多元化,为新闻传播行业的发展带来了新的挑战。同时另一方面新媒体技术的兴起和广泛应用,为新闻传播领域的发展提供了新的发展方向,新媒体在互动性以及时效性等方面相比较传统媒体行业而言更具有优势,传统媒体行业在制播经验和优势以及内容分析深度等方面也更具有价值,为此融媒体时代的到来,倒逼媒体行业不断进行融合探索,紧密结合市场需求和公众的要求不断进行形式和方式变革创新,这样才能更好地赢得市场,赢得公众的青睐、支持和认可。

2.融媒体时代新闻传播的特点演变分析

融媒体时代新闻传播工作特点发生了新的变化,具体体现在以下几个方面。

（1）传播的方式更具丰富性

融媒体发展背景下网络信息技术水平不断提升，日益改变着公众的生活，新闻传播方式也发生了很大的改变，新闻传播的形式、内容报道以及追踪等方面都进行了进一步延伸，公众对新闻信息看待的视角也在发生变化，加上越来越多的互动式新闻出现，评论更加自由，一定程度上进一步拉近了媒体和公众的距离。

（2）新闻传播更具娱乐性

融媒体时代的到来让信息变得更加重要，公众在快节奏的生活下，也更加希望不断提升自身的精神审美水平，为此新闻传播方面也在结合公众的需求不断在新闻内容方面增加更多的娱乐色彩，不再单纯地局限于严肃、认真的实时报道，在新闻事件传播过程中也在逐渐注重戏剧性以及情节性等内涵的挖掘，从而更好地吸引公众的眼球。

（3）新闻传播范围更加广泛

媒体之间互相进行融合，打破时空的限制，新闻传播效率更高，传播的范围也更加广泛，借助网络平台随时可以了解全球性的信息，进一步缩小了民族之间的界限，让世界联系更加紧密，公众可以随时结合自身的需求利用多种工具获得自己所要了解的信息，进而全面提升新闻传播的广度。

（4）新闻传播效果也发生了新的变化

融媒体时代背景下新闻传播借助网络平台进一步拓宽了信息的关注度，信息扩散性不断增强，传播效果也在不断提升。在新闻传播过程中信息的点击率不断提高，公众可以结合实际发表自己的评论看法，还可以进行信息的分享等，这样进一步拓宽了信息的覆盖面，信息的传播速度加快，公众还可以选择更多的设备进行新闻的关注，从而提升了新闻信息的传播效果。一定层面上看这样也体现了新闻传播向着大众化方向发展的趋势。公众对新闻的关注度越来越高，也成为了参与者群际化的传播方式，让新闻传播向着更宽泛的领域迈进。

（5）新闻传播向着智能性和多元化的方向延伸

一方面随着现代科学技术水平不断提升，媒体融合视域下新闻传播的方式更加多元化,现代信息技术与新闻传播领域的融合度不断提高,新闻传播可以打破新闻和受众之间的界限,并进一步提高新闻传播的影响力,很多媒体也正是依靠这一优势不断进行发展模式的创新,从而更好地赢得市场。另一方面融媒体时代背景下新闻传播的方式发生了新的变化,不仅仅可以进行文字信息的传播,同时还可以融入声音、视频、图片等这样立体化的传播方式,进一步丰富公众的视觉听觉体验,同时也更受公众的青睐。公众逐渐从被动地获取信息向着主动寻找新闻信息转变,不仅改变了公众的思维习惯,一定程度上也满足了公众的精神需求。另外新闻传播还呈现出全球化的发展趋势。不仅仅可以获取本国的信息,公众还可以借助信息平台获得更多的国外新闻信息,新闻可以实现跨地域和跨国传播,这样也有助于更好地为公众提供了解世界的窗口。

3.加强融媒体时代新闻传播行业发展的建议

可以看到随着融媒体时代的到来,新闻传播的内容、形式以及影响力等各方面都发生了新的变化,所以对于新闻传播行业而言应当结合时代发展步伐和公众需求,进一步进行积极探索和创新研究,这样才能更好地巩固自身的发展优势,为公众带来更多的信息,提升行业可持续发展水平,建议如下。

(1)进一步提高新闻工作者的职业素养

新闻传播行业的发展离不开广大新闻从业者的支持,新闻传播事业的发展同样需要新闻工作者不断研究和加强学习,这样才能够更好地紧密结合时代的发展要求为新闻传播领域的发展贡献更多的想法、智慧和建议等。新闻传播工作的开展需要广大新闻从业者积极参与和努力践行,为此应当结合融媒体时代新闻传播行业发生的变化,对市场形势以及用户的需求进行全面分析,以此为基础进一步提高新闻从业者的信息敏感意识、政治素养、新闻传播专业技能以及职业素养等,为他们提供更多的机会,鼓励他们不断创新,积极进行技术、方法、理念和方式等探索,完善激励机制,从而提高他们的工作胜任能力以及忠诚度,为公众带来更多有价值的信息。

（2）优化发展环境，提升技术创新水平

要围绕新闻传播行业的发展加强政策的立法监督，可以看到网络信息为公众带来更多及时新鲜信息的同时，也带来了一些困扰，一些新闻行业相关部门或者人员为了获得更高的点击率和关注度，甚至不惜一切代价进行信息的虚假宣传等，一定程度上违背了新闻行业的原则，不仅扰乱了行业发展秩序，甚至也会给公众和国家带来很大的不良影响。所以要多方面努力并加强监管。首先国家应当进一步规范新闻行业的发展模式，针对信息造假行为制定更具有约束性的惩处机制，规范新闻传播行业的从业规则和相关的标准，明确提出约束性的要求，并加强政策宣传和执法监督，对发现的问题及时惩处，鼓励围绕新闻传播行业的发展提出更多的建设性意见，实现资源全面共享并营造良好的发展环境。同时新闻传播行业也应当不断加强技术和方法的创新，针对公众的需求，不断融入新的时代元素和信息化技术，围绕特色化传播栏目等打造进行深度探索和创新研究，在新闻传播的内容、形式、互动方式、制播模式等方面形成更具有特色的体系，在不断提升信息传播效率的同时，进一步拓宽新闻报道的深度和广度，从而更好地提升节目的关注度，以特色优势和个性化服务赢得市场。

总之，融媒体视域下新闻传播领域发生了新的变化，公众对新闻传播行业的要求也越来越高，市场竞争大环境下对于新闻传播行业而言只有紧密贴合实际，结合时代发展特点和公众需求不断创新求变，打造特色化的发展模式，才能更好地推动新闻行业实现长远发展。对于新闻从业者而言，需要结合新闻传播领域的发展趋势、发展方向，立足当下不断加强技术创新、理念创新，切实提高自身的职业素养。对于行业发展而言，国家需要完善相关的监管机制，强化新闻传播领域监督管理，并有效规范运行环境，这样才能让人才、技术以及理念等要素更好地发挥应有的功能，不断推动新闻传播行业实现融合发展、深度发展和创新发展。

（二）融媒体下的新闻采编新特点

1.融媒体下的新闻采编新特点分析

第一，新闻编辑整合的完善。在融媒体时代下，新闻编辑的手段不再单一,编辑人员能利用多种平台与受众进行互动交流,借助多样性的媒介技术对有价值的信息进行优化和整理,确保新闻编辑工作的高效完成,促进新闻传播时效性和新闻信息真实性的提高,彰显新闻报道的意义及社会价值。

第二,信息资源的多变性和复杂性。就新闻采编工作来说,新闻事件的采访是其主要内容,且采访内容要具有一定的意义和价值,而面对海量且复杂多变的信息资源,如何挖掘有价值和意义的信息资源已经成为采访工作的重难点。新闻素材源于群众的实际生活,要想将融媒体环境下多变且复杂的素材转化为新闻信息,采编人员就不能盲目跟风或随意筛选、编辑信息,必须要选择有价值且新颖的信息,并将其制作成新闻。同时采编人员要积极学习,对生活信息加以及时把握,尽量掌握新型的媒介技术,强化信息的沟通与交流。

第三,新闻事件传播路径的拓宽。对于以往的新闻报道而言,其基本是以特定媒体渠道为依据来发布新闻的,这使新闻传播范围及效率受限,而融媒体的发展在一定程度上拓宽了新闻事件传播的路径和范围,如采编人员能借助媒介手段在门户网站或移动端发布新闻事件,为受众及时获取信息提供有力保障。当然融媒体时代对采编人员的要求有所提高,需要其具备扎实的专业技能,善于从不同角度挖掘和发现有价值的新闻信息。

第四,新闻报道方式的创新。信息技术的发展改变了以往单一的新闻报道方式,使其趋向于多元化,如通过合理运用闪存和云储存等方式,能及时保存、记录采访的信息,确保新闻信息存储的科学性、可靠性、安全性。同时新型的新闻报道方式极大便利了新闻报道工作,能第一时间向受众传递新闻信息,满足受众对信息的多样化需求。

2.融媒体下新闻采编新特点的应对策略

第一,提高策划新闻采编的能力。对于新闻采编人员来说,其策划能力的高低对新闻质量的高低有着决定性的作用,高水平的策划能促进新闻质量的提升。在融媒体时代下,信息载体形式愈加丰富多样,不同的媒体平台通过对外传播信息来共享信息资源,这就需要提高采编人员的新闻策划能力,进而深度挖掘新闻信息,增强媒体竞争力。同时采编人员要多角度进行信息分析,让受众能准确理解信息内容,提高受众对媒体信息的关注度。

第二,提高辨别新闻价值的能力。在网络化和信息化的时代背景下,充斥着各种各样的信息,信息量的传播速度以惊人的态势增长,导致新闻采编人员面临严峻的考验,即:如何在海量且复杂多变的信息中搜集有意义、有价值的信息,将其作为新闻内容。当然采编人员应该具备创新意识和信息辨别能力,严禁简单转载他人的信息,善于对同一内容通过自己的整理和编辑呈现不同的效果,以此增强媒体的影响力与竞争力;或者是对信息背后蕴含的新闻价值进行深度挖掘与加工,彰显新闻的特色,提高新闻质量。

第三,提高采编人员的选择能力。采编人员不能对新闻内容进行随意选择,且传播的新闻信息要与国家法律法规要求相符,严禁损害国家利益。一般信息接受者和信息传播者之间是相互制约、互相促进的关系,因此采编人员要增强自身的新闻信息选择能力,善于利用综合性思维来选择、加工、划分相对复杂的新闻事件,获得高质量的内容,在此基础上选择恰当的报道路径和方式传播新闻内容,达到理想的传播效果。

随着信息网络技术的迅猛发展,媒介融合成为新闻媒体发展的必然趋势,而新闻采编工作在这种趋势下发生了显著的变化,采编人员要面对的市场发展态势和信息资源更加复杂多变。针对这种情况,新闻采编人员应该立足行业环境的变化进行适当调整,清晰认识新闻采编工作的特点,构建科学的发展目标,通过学习增强综合素质、新闻编辑和采访的能力,确保编辑加工的信息具有意义和社会价值,使其能为受众提供便利或益处。

第二节 大数据与媒体融合

一、大数据与大数据时代的概念界定

人类生产数据的能力极为依赖当下的科技发展水平。计算机的诞

生,使人类生产、处理、存储数据的能力有了大的跃升。互联网、物联网、云技术的发展,则使人类生产的数据急剧增长。阿里巴巴集团创始人马云在北京举行的一场大数据产业推介会的主题演讲中感叹"人类正从工业时代走向DT时代"。从传统数据时代发展到大数据时代,数据给人类生产、生活以及思维带来了革命性的影响。

中国古代的章回小说常常会用"话说天下大事,合久必分,分久必合"的话语来形容世事万物的变化无穷,如果用这话来形容媒体格局的变化,也很贴切。新媒体以其独有的便捷性、平民性和良好的互动性横空出世,席卷全球,对传统媒体造成了前所未有的冲击,给其带来了生死存亡的严峻挑战,迫使其背水一战,以求绝处逢生,人们于是不约而同地把眼光投向一个焦点,纷纷开始了媒体融合之旅。

随着网络技术的日渐成熟和迅速普及,大量信息吸引了公众特别是年轻人的注意力,报纸、杂志、广播、电视等传统媒体突感面临巨大的生存压力。网络传播的即时性、信息获取的便捷性、使用成本的低廉性和传授双方的对等性等特点,使传统媒体不断将视线转向新媒体技术和新传播方式,媒体融合成了传统媒体无法拒绝的选择和发展趋势。

(一)大数据的概念、本质及其特征

对于什么是大数据,业界与学界莫衷一是,没有给出普遍认可的规范的定义。从字面上看,大数据就是规模巨大的数据集,仍然属于数据的范畴,只不过是规模巨大而已。美国麦肯锡公司在报告《Big data: The next frontier for innovation, competition and productivity》中将大数据定义为:"大小超出常规数据库软件工具抓取、存储、管理和分析能力的数据集。"

"大数据"是"数据化"趋势下的必然产物。归根结底大数据仍属于数据的范畴,其本质终是数据,与数据同属于人抽象出来的非物质的概念,是人认识世界的中介与桥梁。但大数据与数据的区别,绝不仅仅体现在数量规模上,如果仅仅体现在数量规模上,那么大数据也就失去了其研究意义。某研究机构的定义则赋予了其更多的内涵:大数据是需要新处理模式才能具有更强的决策力、洞察发现力和流程优化能力的海量、高增长率和多样化的信息资产①。

麦肯锡公司从规模上给出了定性的定义，而研究机构 Gartner 则从功能上给出了明确的阐述，明确提出大数据是信息资产，具有潜在的决策力、发现力和流程优化能力。迄今学界各方关于大数据的定义，基本上不出这一框架。

综上所述，大数据是指大小超出常规软件抓取、管理、分析、存储等能力的数据集合，是具有洞察发现力、流程优化力和未来预测力的信息资产。这样的定义无论是从定性上，还是从功能上，无疑都更为全面。但是在定量方面，即在各种特定环境中，多大规模的数据集才算得上大数据，仍有缺陷，需要进一步研究。

完整地理解大数据，既需要了解大数据的定义，也需要了解大数据的特征。之所以称为大数据，因为大数据具有传统数据不具备的独特特征。关于大数据的特征，业界经历了从"3V"到"4V""5V""6V"的认识过程。2001 年，麦塔集团（META Group）分析师莱尼第一次提出了大数据发展的三个要素：即时处理的速度（Velocity）、数据格式的多样化（Variety）与数据量的规模（Volume），简称"3V"特征。随着科学技术的快速发展，数据复杂程度不断提高，IBM 等又提出了"4V"特征，即又增加了"价值密度低"（Value）。之后有人提出"5V""6V"，在原有"4V"上又增加"准确性"（Veracity）、"可视性"（Visualization）等。

但是当前比较统一的认识是"4V"特征，即数据规模大、数据类型多、处理速度快、价值密度低。有学者认为，这四个方面涵盖了大数据最核心的特征，最为准确地描述出大数据区别于传统数据的特点：第一，数据规模大。互联网、物联网、各种传感器的广泛使用，使得数据规模呈指数级增长。第二，数据类型多。除传统的结构化数据外，还包括半结构化数据和非结构化数据。与结构化数据相比，半结构化数据和非结构化数据占比越来越高，处理难度要大得多。第三，处理速度快。数据是流动的，并且具有涌现性，数据的价值又具有很强的实效性，决定了数据处理速度必须快。第四，价值密度低。数据的增长速度超过了数据中有用信

————————

① 刘宏，栾轶玫. 新闻传播理论[M]. 北京：中国传媒大学出版社，2016.

息的增长速度,使数据价值密度越来越低,也使人们获取有用信息的难度不断加大。

(二)大数据时代

"时代"的汉语解释是以经济、政治等一定依据划分的某个时期。一般来说,时代是与人紧密联系的时空概念,不能简单地与时期划等号。人们经常谈论的石器时代、铁器时代、封建时代等,都是以经济、政治等一定依据所划分的一个时段,这个时段可能几千年、几百年,也可能几十年,甚至是几年。但无论长短,一般来说,这个时代都有人的某种印记,而且这种印记对于人类社会都具有一定的历史意义和现实意义。大数据时代,可以理解为人类生产、获取、存储、处理数据能力急剧增强的时期,在这一时期,数据规模之大已经无法在一定时间范围内用常规软件工具进行捕捉、管理和处理。由于业界与学界普遍将2013年称为大数据元年,所以我们可以将大数据时代界定为2013年以后。

二、从媒介融合到媒体融合的认知演进及概念辨析

媒体融合概念起源于20世纪70年代的西方,为西方舶来词汇,由英文"Media Convergence"翻译而来。一种公认的说法是,2004年至2005年,由中国人民大学蔡雯最早引入中国,并一度掀起研究热潮。媒介(媒体)融合概念使用比较混乱,多数学者使用"媒介融合"这一概念,也有少数学者使用"媒体融合",还有部分学者将二者通用,认为"媒介融合"即"媒体融合"。2014年,随着媒体融合上升为国家战略,越来越多的学者和业内人士开始倾向于使用"媒体融合"概念。从"媒介融合"到"媒体融合",既反映了媒体融合的发展进程,又反映了学者对于这一概念认识的深化过程。

(一)认知演进的简要历程

在媒介融合(Media Convergence)这对词汇中,融合(Convergence)决定着词汇的性质,规定了要做什么;而媒介(Media)则决定着这一概念的界限,决定着动作的范围。作为Medium的复数形式,Media一词源于拉丁文Medius,其本意是中介、中间。

学者陈映认为,媒介融合的思想可以追溯至20世纪60年代的麦克卢汉。在"媒介即信息"的视野里,没有一种媒介能够独立存在。"任何媒介的'内容'都是另一种媒介。文字的内容是言语,正如文字是印刷的内容,印刷又是电报的内容一样。"1978年,美国麻省理工学院的尼古拉·尼葛洛·庞帝用一个图例演示了三个相互交叉的圆环趋于重叠的聚合过程,这三个圆环分别代表计算机工作、出版印刷业和广播电影工业,他提出的不同工业正在走向融合的远见得到了商界人士的青睐,获得了数百万美元的赞助,得以于1985年创办了后来声誉卓著的媒体实验室,这被一些学者认为是媒介融合的萌芽。多数西方学者研究认为,最早提出融合(Convergence)概念的是麻省理工学院的伊契尔·索勒·普尔教授,1983年他提出了"传播形态融合"(the Convergence of Modes)。他在其著作"Technologies of Freedom"中提出电子信息技术将会使传统媒体相互隔离的传播模式彻底改变,从而向新的融合模式演进。1994年,《纽约时报》报道圣荷赛水星报与美国在线共同推出名为《水星中心新闻》的电子报服务时,用了一个小标题:"一次媒体融合"(A Media Convergence)。到20世纪末,美国在线和时代华纳宣布历史性合并之际,Convergence一词已经成为电子信息传播中的常用语。

国内学者一般认为,2004年至2005年,蔡雯在美国进行富布莱特项目研究时,发表《融合媒介与融合新闻——从美国新闻传播的变化谈起》一文,最早把"媒介融合"概念介绍到国内。但1999年崔保国在《技术创新与媒介变革》一文中就已经引入了"媒介融合"的概念,只是没有蔡雯的文章影响大。伴随着中国媒体业向深度融合发展的实践,媒介融合一度成为之后十余年的研究热词,但多数学者将媒介融合与媒体融合通用。2014年8月18日,中央第四次"深改组"全体会议将媒体融合提升为国家战略。"媒体融合"这个专业词汇(再度)成为业界和社会各界热议的话题。近几年,越来越多的学者开始倾向于使用媒体融合这个概念。

(二)认知演进的"两次转向"

实践是认识的来源和动力,人们认识世界总是依赖实践进行。郭毅、于翠玲认为,"媒介融合"是一个历时性概念。对这一概念的认识和把握,首先是基于媒介自身的发展与实践过程。梳理分析媒体融合的实践进程和认知历程,不难发现,媒体融合的认知演进经历了"两次转向"。

第一次是从以技术为主导的研究视角向技术、产业、经济、文化、社会等多元的研究视角转向。媒体融合是科学技术发展的产物,在媒介融合概念的萌芽阶段,技术的研究视角占据了主导位置,较多地强调媒介融合的技术基础和驱动作用。随着媒体实践和认识的逐步深入,相关研究迅速从技术向产业、经济、文化、社会等研究视角辐射开来。早期以技术为研究视角,比较有代表性的,如美国麻省理工学院的尼古拉·尼葛洛·庞帝,他将媒介融合理解为"各种各样的技术和媒介形式都在汇集到一起"。以技术为研究视角,虽然延续至今,且将继续成为一个非常重要、不可或缺的研究视角,但与媒介(媒体)融合研究视角的愈发广泛性相比,其主导位置显然已失,多元研究视角格局日趋明朗。

第二次是从多元研究视角向媒体融合实践的实操层面聚焦的转向。随着媒体融合实践的逐渐深入,媒体如何融合?往什么方向融合?融合的主体是谁?融合的动力来自哪里?融合的方法途径有哪些?这些羁绊媒体融合发展的现实问题一道道横亘在面前,亟待媒体人和学者回答和解决。在社会需求和资本追逐的驱动之下,相关研究逐渐由多元研究视角向实践操作层面聚焦。

(三)媒介融合与媒体融合概念辨析

虽然媒体融合由媒介融合演进而来,媒体融合概念的使用频次日益提高,但"媒介融合"与"媒体融合"继续通用的情况将继续存在。毋庸置疑,两个概念的根本区别在于媒介与媒体,"媒介"与"媒体"既然都源于英文Medium一词(复数形式为Media),他们的基本释义不会有什么大的差别,但既然分别翻译成"媒介"与"媒体",而"媒介"与"媒体"在中文中的释义有所不同,所以"媒介融合"与"媒体融合"还是有所区别,在使用时注意加以区分是十分必要的。

先辨析媒介与媒体,两者一方面都指信息传递的载体、渠道、中介物、工具或技术手段;另一方面也兼具信息的采集、加工、制作和传播的社会组织。但从媒介与媒体的字义上分析,媒体为信息传播载体的机构,除了有媒介的意思外,还强调它的物质性,主要指报社、广播电台、网站、通讯社等从事新闻传播活动的组织机构。由此可见,媒介更多强调它的介质属性,也就是侧重于第一方面的含义,而媒体则多指媒体机构,更侧重于第二方面含义。

厘清了媒介与媒体的概念,媒介融合与媒体融合的概念界定也就清晰了。媒介融合兼具载体、渠道、介质、技术融合与机构融合两层释义,但更侧重于前一层释义。喻国明教授认为,"媒介融合是指报刊、广播电视、互联网所依赖的技术越来越趋同,以信息技术为中介,以卫星、电缆、计算机技术等为传输手段,数字技术改变了获得数据、现象和语言三种基本信息的时间、空间及成本,各种信息在同一个平台上得到了整合,不同形式的媒介彼此之间的互换性与互联性得到了加强,媒介一体化的趋势日趋明显。"喻国明的这一定义明确指出,媒介融合包含技术融合、渠道融合、载体融合等,一定程度上为上述辨析给出了佐证。而媒体融合虽同样兼具载体、渠道、介质、技术融合与机构融合两层释义,但媒体融合更侧重于后一层释义。从总体上说,媒体融合的外延不如媒介融合的外延宽泛。蔡雯教授指出,"媒体融合"不仅是指各种媒介(组织)之间的合作模式,还是各类型媒介通过新介质真正实现聚合和融合形成的一种独立运行、流程完成、操作规范的新闻生产模式。

三、媒体融合的主体及其关系辨析

在全球化媒体融合形势催逼之下,国内大规模媒体融合已然拉开帷幕,且呈愈演愈烈之势。随着2014年上升为国家战略,媒体融合再度成为业界和学界的研究热词,并催生了一大批研究成果。但一个首要问题研究比较欠缺,即媒体融合的主体是谁?如果是传统媒体或新媒体,他们在媒体融合中,谁更占有主动性?他们之间是一种什么关系?

关于谁是媒体融合的主体这一问题,学界和业界可谓是仁者见仁、智者见智,尚未形成统一的认识。从目前来看,大致有三种观点。

第一,互联网是媒体融合的主体。广东南方新媒体公司王兵认为,媒体融合必须以互联网为主体,这是互联网融合的基本属性的要求。必须坚持"互联网+",而不能是"电视+"或"广播+"。如果传统媒体仅仅把互联网当成一种新的工具和手段,幻想以传统媒体来融合互联网媒体(新媒体),理论上不成立,实践上无一例外都失败了或者必将失败。

第二,在媒介融合语境下,新媒体是融合的主体,而在媒体融合的语境下,传统媒体是融合的主体。丁柏铨教授认为,媒介融合的主体大抵是新兴媒体,而在媒体融合语境中,传统媒体是"融合发展"的主动者,具有主体的身份。进行媒体融合,并不是用新兴媒体解构传统媒体,也不是传统媒体以丢弃自己长处的方式去迎合新兴媒体。正确的做法是:"坚持传统媒体和新媒体优势互补。"

第三,"以谁为主进行媒体融合"是一个伪命题。戴元初认为,谁更能够推进媒体融合目标的实现,谁更能够保证在融合基础上扩大媒体的整体传播力、公信力和影响力,就以谁为主体,不必纠结于它是不是传统的主流媒体,是不是有根红苗正的出身。传统媒体通过变革成为媒体融合中的主角,当然值得欢迎。新媒体环境下成长起来的,具有内容生产和市场扩张能力,能够承担社会责任的新媒体组织和平台同样可以成为融合主体。

当前,网络媒介化、媒介网络化和社会媒介化、媒介社会化已成大势。各新媒体的蓬勃发展,必然以新技术为前提,互联网技术是当前新媒体发展的核心技术之一。正因为如此,一些学者提出互联网是媒体融合的主体。如今,互联网迅猛发展,已经渗透到经济、文化、社会、生活的各个方面,媒体或是受其影响最早、影响最大的领域之一。新媒体发展壮大与互联网发展密切相关,或者说,是互联网孕育了新媒体,没有互联网就不可能有新媒体。传统媒体受到重大冲击,完全变革了传统媒体新闻生产、传播的方式,但也因此迎来重大发展机遇,传统媒体可以借助互联网获得重生。上述第一种观点就是在这样的背景下提出的。但笔者认为,互联网不是媒体融合的主体,而是媒体融合的技术前提,也就是说,没有互联网的发展就不会有媒体融合的发生。

关于第二种观点,首先需要辨清媒介与媒体的概念。比较狭义的传播媒介既包括书籍、报纸、杂志、广播、电视、电影、网络等信息载体或传播渠道,也包括报社、杂志社、通讯社、电视台等信息传播主体,但较多地侧重于前者,而媒体与媒介相反,较多地侧重于后者。由此可以推断,媒介融合更多是从传播渠道的角度出发的,这一角度更多代表的是技术角度,而新媒体往往代表的是新技术,新技术往往更具驱动力和影响力。所以学者认为,在媒介融合的语境下,新媒体是融合的主体也就顺理成章。另一方面,在媒体融合的语境下,融合主体是传统媒体该如何理解?就如同丁柏铨教授所论,媒体融合上升为国家战略有其重大背景,其背景是,在以社交媒体为代表的新媒体冲击之下,传统媒体,包括几乎所有主流媒体人口价值迅速丧失,舆论引导能力急剧下降。从国家层面重提媒体融合,就是要求传统媒体强化互联网思维,主动融合新媒体,实现融合发展,占领信息传播制高点,壮大主流思想舆论。因此,在媒体融合的语境下,传统媒体是媒体融合的主体。

关于第三种观点,融合是两种以上的物质融为一体,融合的最终标准是"你中有我、我中有你,你就是我、我就是你"。由融合的概念上,我们不难看出,融合从来就不可能是单方面的,它一定是相互的,即"你融于我,我也融于你"好比水和酒精,水可以溶于酒精,酒精也可以溶于水,表现为互溶。传统媒体和新媒体的关系也是如此,它们只有能够互融才能实现融合,单向融合不可能实现媒体融合。戴元初显然没有从上述角度给出分析,他在论文中强调的是更应关注融合目标的实现,而不是谁为主体的问题。

媒体可以有很多分类,按照形式可以分为平面媒体、电波媒体和网络媒体三大类;按照功用,国际电话电报咨询委员会CCITT把媒体分成感觉媒体(Perception Medium)、表示媒体(Representation Medium)、表现媒体(Presentation Medium)、存储媒体(Storage Medium)、传输媒体(Transmission Medium)五类;美国媒介理论家保罗·莱文森将媒介分为旧媒介、新媒介、新新媒介。媒体融合既然有这么多的分类,就同样可能有很多种媒体融合。但是基于技术新旧,将媒体分为传统媒体与新媒体,可以说是一个永恒的分类,也是一个以技术哲学分析媒体融合很好的视角。再加之,国家从推动传统媒体与新媒体融合发展角度,将媒体融合上升为国家战略的大背景。

综上所述,互联网只是媒体融合的技术前提和重要背景,不是媒体融合的主体。单向融合不可能实现真正的融合,因此传统媒体和新媒体都可称为媒体融合的主体,两者之间的交流互动共同推动媒体融合的实现。至于在融合过程中,谁更具有主动性,笔者比较赞同上述第二种观点,即在媒介融合的语境下,新媒体在融合中更具主动性,这种主动性的背后是新技术的强大推动力;在媒体融合的语境下,传统媒体在融合中更具主动性,这种主动性的背后是国家意志的强大推动力。

第三节 基于深度"联结"的媒体融合三种基础逻辑

回顾中国媒体多年来的媒体融合进程,面对新技术的冲击,现在似乎又到了一个重要的"十字路口"。以一种结构化的视角来重新理解技术与社会的关系,人们会更坚定:当下媒体融合的逻辑必须以互联网逻辑为准,理解技术对于社会的重塑作用,尊重技术带来的变革。以往的融合改革,我们可能思考的更多的是怎么利用新技术,而不是在把握新技术发展规律和趋势的前提下,进行战略布局。

互联网背景下,传统媒体融合在进行融合战略选择时,应该基于怎样的基础逻辑?从"连接"到深度"联结"的逻辑转变,其中又包含哪些需要遵循的基础逻辑呢?

"联结"就如一个大纲领、大思路,统领着媒体融合所有的战略决策、具体实践,在制定每个媒体具体的融合策略和转型路线时,我们需要依以下三种基础逻辑展开。

一、围绕以"用户"为中心,构建媒体与用户的"强关系"

互联网时代,从媒体发展的关系而言,是在进行人与信息的一种连接。互联网的发展,从本质上说,恰恰是人自主性与自我解放的延伸。网络技术的发展,使信息消费者摆脱了传统意义上的"受众"角色,网民有了更多的信息选择、表达、分享,甚至生产的权利。"人人都有一个扬声器"，表明的正是互联网为普罗大众带来了信息传播上的极大"赋权"①。

新媒体对传统媒体最大的冲击是改变了"媒体"与"用户"之间的关系。陈力丹也说："如今，新媒体正在重新定义人们获取信息的方式方法。传统媒体的转型需要顺应新媒体时代人们获取信息、理解信息的方式，以互联网思维来推动转型改革。"而互联网思维的一个中心便是"以用户中心"为导向。如果说，传统媒体时期"用户"与"媒体"之间构建的关系属于"弱连接"的话，那么在互联网背景下，媒体融合要取得新的发展和突破，则需牢牢围绕"用户"，构建与"用户"的"强关系"。与传统媒体时代相比，媒体融合之所以要坚持"用户中心"思维，主要有以下几个原因。

（一）用户习惯已然发生改变

人们的信息接触变得随时随地，甚至无时无刻。传统媒体时代，信息的传播大多是单向性、直线型的，但互联网的出现改变了此种传播模式。只要人的手机上安装了相关的新闻客户端，不但可以实现个性化的新闻推荐阅读，人们还可以随时随地决定什么时间打开客户端，看什么类型的新闻。传统媒体时代，媒体机构掌握着主要的信息决定权。例如，电视台固定几点播放某档节目，受众才有机会接收到相关资讯。但是，随着互联网的发展，信息传播渠道被大大扩展，现在的状况恰恰相反，"受众的注意力和时间"成为所有媒体结构和传播渠道相互争夺的目标，受众完全有权力决定什么时间段收取什么新闻资讯、看什么类型的节目，"受众"已经由"被动方"转变为"评审人"，受众掌握着绝对的"主动权"。

（二）用户习惯改变倒逼内容生产变革

用户信息接触渠道和阅读习惯的变化也催生媒体重塑内容表达方式。互联网带来了信息的极大繁荣，但也伴生着残忍的经济逻辑：有价值的不是信息，而是注意力。为了争夺用户有限的注意力，媒体机构必须有所改变。陈昌凤教授也指出，现在的新媒体使得"信息生产者"和

---

①张梅珍. 全媒体时代的传媒发展与新闻传播教育重构[M]. 武汉:武汉大学出版社，2017.

"信息消费者"之间的区分越来越不明显,"产消融合"成为一种趋势。"po-sume"是"Producer"(生产者)和"Consumer"(消费者)两个词组合出来的新词,简译为"产消者""产销者",或者"生产消费者",也可称为"半专业生产者"。而"产消融合"的本质是通过传播的互动手段,充分挖掘用户的价值和能动作用,对传播领域而言,它强调了在信息生产中用户(传统称作受众)的作用,用户的信息偏好、行为偏好,用户的观点和建议,都对信息生产产生了影响。

现在,低头族成为一个新兴的群体,大部分人的信息来源于App,而非传统的报纸、电视。用户阅读习惯的改变,也在不断倒逼媒体改变原有的表现形式和表达方式。例如,如今微信朋友圈成为很多人获取信息的主要渠道,许多人在微信中也订阅了不少自己喜欢的公众号。在微信公众号中,文字变得越来越轻,相较长篇文字的深度内容,图文消息类文章变得更受欢迎。相较文字类信息,短视频则更受欢迎。

相较媒体为适应用户的这种改变,自媒体人显然跑在了传统媒体前面。在腾讯发布的《2015中国互联网年度趋势报告》中显示,超过六成的网民听说过自媒体。20~49岁的用户更是自媒体的重度阅读者。成功、优质的自媒体必然是深刻理解了"用户中心思维",产出对于用户而言真正具有价值的内容,而不是自说自话。移动互联网时代,用户更偏向喜欢更具个性化、专业化的内容生产者。

从本质而言,也是从自身的需求出发,在时间有限的情况下,尽量摄取对于自身有用的信息资讯。自媒体能够取得如此迅猛的发展,这也从侧面验证了"用户中心思维"的重要性。

自媒体阅读频率具有如下变化:六成网民听说过自媒体,在听说自媒体的群体中,每天都阅读自媒体的人群占比过半,而20~49岁的年轻群体是重度自媒体阅读者。也就是说,年轻受众群体的信息接收渠道主要是自媒体,传统媒体机构要想影响和吸引更多的年轻化受众,其生产的内容也必然需要符合年轻人的"口味"。

浙江日报报业集团的媒体融合改革一直走在全国前列。社长高海浩认为,传统媒体内在的传播逻辑是"媒体本位,内容为王",互联网遵循的逻辑是"开放分享，用户中心"，这也是浙江日报在媒体转型之路上一直坚持的战略思维。浙江日报报业集团利用资本的力量，收购边锋和浩方的目的也是为了快速找到"用户"，实现与新媒体的接轨，然后发扬自己的内容生产优势，为"用户"提供信息服务。

互联网时代，媒体融合要取得成功突破，首先在思维上必须转变，坚持"用户中心"导向，围绕用户打造"强关系"，这是传统媒体融合的首要之义。

二、盘活媒体拥有的各类垂直化关系资源，实现资源最优配置

虽然人人都在唱衰传统媒体，但是不可否认的一点是传统媒体由于经营多年，其品牌影响力是一笔巨大的无形资产。不少记者、编辑由于多年从业经验，也往往是某个专业领域的"意见领袖"，掌握着一定的关系资源。充分盘活媒体拥有的各类垂直化关系资源，往往能够达到"1+1>2"的聚合效应。

为何要重视这些垂直化关系资源？就如在移动互联网时代，有了用户，不代表就能够赢，重在做好"用户运营"工作。利用好垂直化关系资源的目的在于更好地形成用户黏性、建立壁垒。人们可以以互联网行业的发展为参考，在目前的移动互联网大局之下，O2O成为最火热的战场。补贴、烧钱虽然能够吸引来一定量的新用户，但是如果不能迅速与这些用户建立一种"强关系"的连接，用户可能很快就会流失到其他地方去。这个道理同样也适用于媒体融合。如今媒体的身份属性变得更加多元化，已经不再单纯于一个信息服务机构，也开始承担其他的服务角色。媒体已经不仅仅局限于一个内容生产和分发平台，其身份逐渐开始向服务、社群延伸，与其对应发生的是媒体的商业化模式也在不断转变。媒体机构如何最大化地盘活和利用好其拥有的垂直化关系资源，也成为其能否快速找到其他商业化模式的一个重要影响因素。

（一）"社区化"——盘活垂直化关系资源第一步

社区化是媒体转型盘活垂直化关系资源的重要一步，其目的在于为媒体获得用户规模和用户黏性。传统媒体因为多年经营，早已经积累了

一大批忠实的社区用户,媒体记者也往往掌握着某个领域的核心人脉资源,在某个领域具有一定的舆论话语权,如何充分利用好这些垂直化关系资源,是媒体在融合进程中如何快速实现资源商业变现的关键。

在报业大家庭里,随着区域性的都市报面临危机的不断加深,一些细分和垂直性的报纸越来越引人注目。老年报、农民报、地铁报、社区报,成为新兴的增长点,也正是因为细分和垂直性领域,更容易实现用户与媒体关系的转换。许多媒体在进行转型时,也充分考量到了各领域垂直化关系资源的重要性。例如,2013年,广州日报报业集团确立了"以媒为本,多元多赢"的战略定位,集团提出了"细分市场精耕细作""用移动互联网思维办报纸"的思路。"细分市场精耕细作"的意思是发挥报纸的资源优势和区域化优势,深入挖掘细分行业,创建新的报刊、社区报等。甚至跨区域异地办报,以降低报业采编成本,实现利润最大化,利用传统报纸行业还有市场时吃尽最后的利润。2013年3月18日,广州日报报业集团创刊了两份社区报《大沥社区报》和《清远社区报》,此后相继创刊了增城、番禺、惠州城区、南海城区等社区报。同时,广州日报报业集团还建设了各类信息聚合平台:网站集群和微博群。这些举措其实都是对媒体本身所拥有的垂直化关系资源的一种有效利用和盘活。

除了广州日报报业集团外,四川日报报业集团同样重视对于"社区"的挖掘。在四川日报报业集团的决策部署下,《华西都市报》的发展"版图"不断扩张。一是打造区域组合都市报,扩展二级市场。为充分把握四川城镇化和城市群发展的重大战略机遇,华西都市报社以创办并运营《华西城市读本》为载体,开始了区域市场拓展的新模式。2011年3月,面向区域二级市场川南城市群(泸州、宜宾、自贡、内江)的《华西城市读本·川南新闻》诞生,这是成渝经济区第一份区域组合都市报。2013年3月5日,在充分总结川南读本拓展经验基础上,华西都市报社又创办了《华西城市读本·川东北新闻》。二是深挖细分社区市场,打造西部第一社区报。纸媒区域的贴近性优势除了二级市场,中心城区市场的细分和深度挖掘也是大势所趋。2013年1月8日,华西都市报社创办了中国西部第一家社区报《华西社区报》,采取免费精准投递的模式,直接投送目标读者家庭,为深挖社区资源提供有力支撑。

(二)"社群运营"——激活垂直化关系资源

社区化的另一层意思是构建用户与媒体互动的"社区",打造社群文化。这种互动既可能是虚拟社区里的评论、点赞,也可能是由媒体举办的线下互动活动,其目的都是深度渗透到用户的各个生活场景之中。例如,许多社区报会依托所在社区的地域优势,发动相关社区活动,并逐渐打造成报纸的"品牌社区活动"。

说到"社群运营",《逻辑思维》可以说是社区互动以及社群文化运营的一个典型。其中的运营之道值得媒体在加强与"用户"强关系连接时参考借鉴。社群主义的英文为"Communitarianism",词根是"community",通常译为"社区""共同体"等,故也有"社区主义"或"共同体主义"的说法,但有学者认为较为合适的译名应是"社群主义"。一般地说,"社群主义者把社群看作是一个拥有某种共同的价值、规范和目标的实体,其中每个成员都把共同的目标当作其自己的目标"。深入研究《逻辑思维》的发展可见,《逻辑思维》将其定位为一个知识社群,刚成立时,成员之间可能只是一种弱连接关系,通过一场场线下互动活动或者有效的线上互动,弱连接转化为强连接。相较自媒体、互联网企业,传统媒体的社群运营有其自身的特点。但是,媒体融合应借鉴自媒体以及互联网企业"社群"运营的经验,其要义便是充分渗透至用户的各个生活场景,打造与用户之间的强连接关系。

三、服务为王,构建创新服务的核心平台

媒体融合的深度"联结"逻辑的另一个基础逻辑是以服务为王,构建创新服务的核心平台,这既是基于对互联网背景下媒体功能角色转变的考量,也是在新技术催动下对媒体未来发展趋势的准确把脉。

(一)从"内容为王"到"服务为王"的转变

互联网的本质是连接,媒体机构扮演的最重要的角色是用户与信息服务的连接,随着媒体角色的多元化发展,媒体机构也慢慢发展演变为一个平台枢纽的角色。例如,暨南大学谭天教授就提出,新媒体不是"媒

体",或者说不是传统意义上的媒体,而是媒介平台。媒介平台是通过某一空间或场所的资源聚合和关系转换为传媒经济提供意义服务,从而实现传媒产业价值的媒介组织形态。狭义的媒介平台特指基于互联网的媒介平台,如腾讯、新浪等;广义的媒介平台还包括传统媒体自建的媒介平台,如人民网、CNTV 等。但是,在目前的互联网背景下,BAT 几乎抢占了流量入口,传统媒体机构转型做媒介平台的窗口期已过,与大的媒介平台进行竞争,也必是困难重重。

媒体融合本就是一场由技术而催生的变革。新媒体概念的出现,也可以说是技术变化带来的衍生品。正如谭天教授所言,新媒体(基于互联网的媒介平台)与传统媒体有什么根本的区别吗? 最大的不同就是传统媒体一定是"内容为王",而新媒体则是"服务为王"。

喻国明教授也认为,媒介消费属于文化消费范畴,具有重复消费的特点。对于媒介产品而言,受众在消费之后如对其认可,往往会持续消费,这意味着单次消费后并不是媒介组织与受众之间关系的终结,而是持续发生关系的开始;媒体售卖的也不是单品,而是连续性产品。将单次消费的受众转化为媒体的忠诚受众,是媒介经营的重要内容。也就是说,从经营理念上,媒体必须转变思路,延伸自身的产品价值链,将自身打造成为一个创新服务的核心平台。

媒体融合要在此背景下取得突破,必须首先打通媒体与用户的深层关系,无论是在线上还是在线下,使媒体"内容"成为其中的一个"联结物",而不要让媒体产品成为死信息。媒体机构的定位也不是一个只会提供新闻内容的机构,还应该能够为用户提供多元化的服务,这样媒体才能有更多元化的商业模式和盈利模式。

(二)以"服务"构建核心平台

在媒体融合的语境下,传统媒体要构建创新服务平台,还是需坚持以"信息服务"为基础。观察当下自媒体的发展,很多自媒体也致力于将自身打造为一个"服务提供"的平台。平台只是一种概念,可大可小。以《逻辑思维》的演变为例,"逻辑思维也从一开始的单纯提供高质量内容演变成一个电商平台。"罗振宇更是宣称自己就是要

"卖货"。

　　除了自媒体,传统媒体也积极利用新技术,将自身转型为一个平台型媒体。例如,《壹读》杂志不仅有杂志,还推出了音频、视频、客户端和网站,形成了一个多渠道运营的媒介组织形态,全方位地为用户提供服务。此外,《壹读》还开设了自己的微社区,将核心粉丝运营起来。这样的转型实践探索,走出了将媒体局限为信息内容服务提供商的狭隘视野,为媒体的未来发展提供了更多可能性。

第二章 融合文化理论
——理解媒介文化的新范式

随着互联网应用的普及,互联网这一最具包容性、最为复杂的全球性媒介日渐整合、衔接了所有的媒介,并通过重新塑造各个媒介在新兴网络语境下的可能性再度媒介化了这些媒介。关于这场仍在进行中的媒介融合运动的研究涵盖了"技术融合""产业融合"和"融合文化"研究的范式转换。自计算机诞生后,美国学者卢森伯格提出了"技术融合"论,美国学者尼古拉·尼葛洛·庞蒂提出了计算机、印刷和广播三者的"产业融合"论。

1983年,美国传播学者普尔教授在《自由的科技》中首次提出"媒介融合"。媒介融合从一开始就遵循着一定的文化逻辑,探索媒介融合内在的文化逻辑,可以更系统地探析媒介融合的动态运作机制。

第一节 当新闻生产遭遇融合文化——新闻室融合

媒体融合已经成为新闻业继续发展无法回避的问题,并影响到行业内的各个方面,学者们甚至提出"融合文化"(convergence culture)这样一个概念来描述媒介融合对社会文化形态和文化生产的影响。新闻生产也不可避免地表现出融合的特征。讨论这一问题时,一个看似简单但实际却很复杂的问题就是:何为新闻生产领域的融合? 它可能包含两种情况:一种是不同形态的媒体之间的融合;另一种是新闻报道中文字、图片、视频、音频等不同表现形式的融合。

本节对融合新闻生产的讨论主要着眼于第一种情况,即指新闻产品在不同介质的新闻媒体上的制作。理想中的状态是,围绕一条新闻线索制作的报道能够满足电视、报纸、广播、网络等不同类型媒体的需求。就融合而言，至少能满足两种不同平台的需求，多的则有四五种甚至更多的平台。不过，在实践中，我们恐怕很难看到如此多不同形态的媒体一起融合生产的例子，以至于多媒体平台的融合生产仍是一种理想状态，目前的实践状况远未达到这一要求。因此，更具一般意义的跨媒体生产成为学者们描述这一现象的另一个分析概念，在一定程度上交替使用。

从现实情况来看，目前的融合新闻生产基本还是互联网与报纸、电视或广播的融合，也就是说，互联网才是融合环境下的核心生产平台。因此，关于融合新闻生产的讨论必须紧紧围绕互联网来展开。事实上，自20世纪90年代以来，互联网对于新闻业的意义就引起了新闻研究者的极大兴趣。尽管互联网并没有如一些人预料的那样，给传统新闻业带来一场革命，塑造出全新的新闻业，但如今我们再讨论新闻业时，已不得不正视这样一个现实，互联网已经深深"嵌入"到新闻业的肌体：一方面，它成为新闻实践的活跃平台，为新闻业提供具有无限可能的技术基础；另一方面，它本身就是新闻实践的一部分，在或明或暗地改变着传统新闻业的面貌。就新闻生产的角度而言，各种媒体形态在互联网基础上的融合已经体现在生产平台、生产方式、生产流程、产品形态等诸多方面。从这一角度对媒体融合展开的研究被称作新闻融合，与技术融合、经济融合一起成为研究融合的三种主要视角①。

新闻融合侧重于从新闻生产的角度来研究融合给新闻室带来的变化，体现在日常实践、新闻价值观、新闻文化等方面的变化，可被称为"新闻室融合"（newsroom convergence）。尽管融合已成为大势所趋，但不同国家、不同媒体的发展程度并不一致。从已有研究来看，新闻室的融合正呈现出一个不断深入的过程。杜赫等人研究的10家美国电视新闻室中的9家正在实践某种程度的融合，大多数受访者理解的融合就是与其他新闻组织共享新闻内容。当受访者被问到如何界定融合时，他们的回答其实反映了他们所在的新闻组织正在做的事情。有趣的是，不到一半的受访者把融合界定为一个完全一体化的新闻室的使用。研究者还发现，

①闫相儒.浅析互联网时代电视新闻语态的持续演变[J].传播力研究,2019,3(05):232.

电视新闻最常见的融合媒介是网络,其次是广播,最后是报纸。一项对西班牙两家媒体的比较研究发现了两种新闻室融合的模式:一体化的和跨媒体的。两种模式各自都有不同的生产系统,不同的新闻室组织,记者不同程度的多技能和不同的商业策略。张世欣对中国的《北京青年报》和丹麦的 Nordjyske 两家媒体的新闻室融合模式进行了研究,前者采取的是一种以报纸为基础的模式,着眼于提高报纸与网络的互动性,报纸为网站提供内容;而后者采取的是一种多媒体为基础的融合模式,来完成在电视、广播、报纸和网站等不同平台之间的资源分享、内容分享和互相推介。有人预测,《北京青年报》因受制于政策管制不能运营广电服务,一旦放松管制,就可能会走上与 Nordjyske 相同的模式。另一项对奥地利、西班牙和德国三个国家6家媒体的新闻室融合的比较研究建立了一个衡量融合程度的矩阵模型,主要包括四个指标:计划范围(project scope)、新闻室管理(news-room management)、新闻实践(journalistic practices)和工作组织(work organization)。据此模型,研究者概括了三种新闻室融合的模式:完全融合、跨媒体、不同平台的合作。戴利等人则提出了融合序列(convergence continuum)模式,旨在衡量新闻室里不同程度的互动和合作行为。他们将新闻室融合分为五个递进阶段,即互相推介(cross promotion)、克隆(cloning)、合作式竞争(coopetition)、内容共享(content sharing)和融合(convergence)。后者总是对于前者具有包含关系,以致在最后的融合阶段中,媒介人员之间的互动和合作最密切。多明戈等人把新闻融合分解为四个维度:一是生产流程整合,二是多媒体专业技能,三是全媒体传播平台,四是受众互动参与。

新闻室融合对生产流程的改变,主要从路线、时间、消息来源、新闻选择四个层面讨论融合对新闻室工作常规的改造。新闻室融合对新闻专业文化的冲击,融合新闻生产不仅改变了新闻生产的平台、常规,也在冲击和挑战着传统的新闻专业文化。新闻室融合对参与式新闻的吸纳,融合新闻生产使得专业控制与公众参与之间的张力越发突出,如何将参与式新闻整合入既有的新闻生产体制而又不丧失对生产主体性的掌握。

第二节　融合与新闻常规的重构

新闻常规是新闻社会学中的一个重要概念,按照休梅克和瑞斯的定义,新闻常规是新闻工作者用来完成工作的一系列模式化的、常规的、重复的实践和形式。简单地说,它指的是新闻工作者用来处理每天工作任务的习惯方式,包括寻找选题、联络消息来源、判断核实信息、采访、写作等部分,以上各项还可以再做细分。这些新闻常规其实就是日常新闻生产中隐藏着的规则,帮助新闻工作者有效地应对新闻工作的无序和不确定性。新闻常规的形成是个动态的过程,往往随着组织内外环境的改变而调整。从这个角度来说,它是一个很好的观察新闻业变迁的切入口。正如夏倩芳和王艳所言,"新闻传播的变迁必然会反映在新闻常规的变化上,体现在新闻工作者习以为常的工作方式中,可以说,新闻常规是我们描绘和理解新闻业现状时必须把握的实然存在。"

新闻报道虽然由记者个人写就,但从采访到见诸媒体还要经过新闻组织内一系列的工作流程。可以说,新闻既是一种个人产品,也是一种组织产品。这种组织性表现在新闻的采访、写作、编辑等生产流程必须经过新闻组织内部层层的把关与决策过程。相对于政府、公司、工厂等组织严密的机构,新闻组织的日常运作未必会有一套巨细无遗的规章制度,而更多依靠一种无形的组织文化。这种无形的组织文化常以新闻常规的形式隐秘存在。这些常规在新闻组织的日常运作中扮演着重要角色,因而新闻媒体甚至被认为是一种在新闻室内使用常规使工作顺利完成的正式组织。常规之所以重要是因为新闻工作每天面临大量的非预期性事件,为了应对和处理这些突发的例外事件,新闻组织只有把这些事件及其应对方式加以常规化才能应付新闻的突发特性[①]。

对于新闻从业者个体来说,新闻常规赋予他们一套既定的观念和程

---

①孙惠敏,漆小平. 当代环境文化与新闻传播研究[M]. 杭州:浙江大学出版社,2017.

序以快速认识、分类和理解新闻事件;对于新闻组织来说,新闻常规确保其在有限时间内完成新闻生产,保障组织运作的有序性和稳定性。媒体内部则通过采编流程、业务培训、奖惩机制、薪酬体系等各种规训手段使新闻从业者不断内化和重复这些做法,从而使新闻生产呈现出较为稳定和一致的形态,制做出相对充分和可靠的新闻产品。

20世纪七八十年代,新闻社会学的一批经典著作采用参与式观察、深度访谈等方法对新闻生产的过程进行了细致、全面的解剖,掀起第一波对新闻室的民族志研究浪潮,取得了不少的成果。其中,美国社会学家塔克曼率先使用了新闻常规这一概念。根据她的研究,在日常的新闻生产过程中,新闻组织为处理每日复杂的新闻事件会发展出许多工作常规(work routines),比如新闻网的设置、新闻时间的安排、新闻类型的划分以及新闻报道的方式等。虽然塔克曼率先引入了常规概念,但她的研究并不是从一个空白领域起步的,类似的将新闻生产标准化、行业化的思想在此之前已经产生,只不过当时的研究者没有使用常规这个概念而已。在塔克曼的经典著作《做新闻》(Making News)之后,新闻社会学领域一系列关于新闻生产的研究也都集中讨论了新闻从业者如何构建这些新闻常规。

近年来,一批欧美学者进入到不同网络媒体的新闻室进行参与式观察,开启第二波对新闻室的民族志研究。这些研究最为关心的问题就是网络新闻的生产过程,新闻常规是学者们最为关注的一个问题。他们进入新闻室考察新闻常规、行业规范、专业认同等在网络环境下的变化。此类研究多以参与式观察及深度访谈的方式,了解新闻制作的惯例及决策过程。过去几年来,西方学者已经注意到新闻生产中的常规、模式与实践发生了许多变化,比如,记者外出采集核实新闻的常规正在逐渐削弱、新闻组织越来越依赖于从互联网上寻找新闻素材、新闻工作者的角色越来越模糊、越来越强调记者的全能性以适应跨平台的新闻生产等。本节主要以下列四种基本的新闻常规为例,讨论新闻常规在互联网环境下的变化。正是因为其在新闻生产过程中具有基础的地位,才能更深刻地体现出新的时间、空间、技术等因素所带来的新闻常规的变化。

一、路线常规

在塔克曼的研究中,社会被新闻组织分割成若干细格,组织内部则设计出特定的"路线"(beat),配备专门的记者长久而定期地获取路线信息,不同新闻组织根据对事件或机构的不同重视程度决定是否或如何设置路线。路线中比较重要的机构成为记者关注的重点,为不遗漏重要线索,记者须定期联络与拜访。一般来说,政府、大企业、宗教团体等较容易成为媒体的固定路线。费什曼认为,路线是扎根于记者实际工作世界中的概念,它在新闻组织中的历史甚至早于主跑路线的个体的历史。在他看来,虽然路线主要由记者负责联系,但路线的归属却由新闻组织内的管理人员负责调配。路线并不总是由机构构成,一些话题或活动因为出现频率较高而持续受到重视,逐渐形成"话题决定路线"的情况,比如,环保议题便成为许多媒体的固定路线。可以说,路线是影响新闻选择的先决条件,而且不同路线的记者在报道同一新闻事件时选取的报道角度往往会有不同。

随着网络技术的发展,互联网提供的信息成为许多记者获取新闻线索的重要资源库。早在1999年,美国就有92%的新闻记者在网上搜索新闻素材。2010年,一份对2500多位中国记者的调查也显示,受访者中超过9成的记者认为社交媒体上的新闻线索有价值,超过6成的记者曾通过"从社交媒体上获取的新闻线索或采访对象"完成过选题报道。当来自互联网的内容在日常新闻生产中的作用日趋凸显时,设置与网络信息有关的路线就成为一个理所当然的选择。从国内媒体的实践来看,一些媒体设置了专门的报网互动版面,如《南方都市报》的网眼版将原本在网上流传的事件信息"落地"成为传统媒体报道的题材。在具体操作中,网版不是直接采用网民报料,而是主动去一些热门的网络论坛寻找网络相关题材,记者需要大量阅读与网络事件相关的每一个帖子,提炼角度、设计问题,然后去采访与事件相关的当事人或有关部门。还有媒体设置了专门的网络监控记者,如《安徽商报》设置一名监控记者,负责实时监控百度新闻等搜索引擎中有关安徽的新闻。他的工作内容就是在百度中键入"安徽""合肥"这类关键词进行检索,看全国其他媒体报道中有没有关于安徽方面的新闻,如果有的话,就需要看新闻内容是否可以做到"本地化"。如果能够"本地化",就可以安排下一步的采访计划。值得注意的是,互联网之所以成为传统媒体不得不重视的一个路线,其根本原因就在于近年来国内颇有影响力的新闻报道多源出于互联网。尤其是微博的出现后,公共事件的传播广度和深度都发生了天翻地覆的变化,网友在微博、抖音等平台进行了广泛的话题讨论,公众记者的"报道"速度甚至超过了媒体的反应速度。

二、消息来源常规

虽然不同新闻组织设置的路线会存有差异,但与路线上的消息来源保持密切互动的工作常规则大体一致。在一项开创性的研究中,西加尔分析了1949年至1969年间《华盛顿邮报》与《纽约时报》的头版新闻,结果发现美国及外国政府官员占所有消息来源的四分之三。此后,对消息来源的研究也都有类似的结论,学者们发现一些特定的组织或个体更容易成为消息来源,官方部门、社会精英、专家等更多地出现在新闻报道中。记者与消息来源的互动关系也成为一种例行性的新闻常规,在实践中表现出共生、同化、对立、交换四种类型。消息来源的角色如此重要,以至于新闻社会学者们认为,真正的新闻应是新闻记者与消息来源共同合作的结果。甘斯把新闻生产比喻为一段新闻记者与消息来源"共舞"的过程,两者虽然均可随时带领另一方起舞,但大部分时候占上风者仍为消息来源。

在记者搜寻消息来源的过程中,传统上比较重视人际关系在这方面的作用。而随着互联网技术的不断革新,网络业已成为一种非常重要的中介资源。近年来的研究指向了与消息来源有关的新闻常规和实践的重要变化,帕弗里克就强调了记者如何使用网络工具来搜集信息或者与人联络。从中国记者的实践来看,在搜索引擎、网络论坛之外,以微博为代表的社会化媒体越发凸显出它在帮助记者寻找消息来源方面的重要性。在微博平台上的记者寻找消息来源的行为已经形成了下列几种方式:第一种是微博用户的主动报料,他们或是事件的当事人,或是知情者,将相关信息发布到微博上后引起记者的关注。第二种由事件当事人自行发布,记者跟进采访。他们发布的微博基本上是一手信息、原始素材,记者往往可以由此接近核心信源,把握事件最新进展。第三种则为记者主动求援、广泛搜寻新闻事件的当事人或知情者。在微博平台上,记者与消息来源的距离缩短,由疏离、陌生变为接近、熟知。由于微博发布技术门槛低、发布主体去中心化,与新闻事件相关的名人或普通人都能在报道聚焦时期成为"焦点人物",记者可以即时掌握其动态,还可以用关注、跟帖、转发或私信方式与其公开交流或私下联系。事实上,推特之所以受到美国新闻记者的青睐,与它便于记者寻找消息来源也有密切关系。与此同时,这些网络工具提供的便利性也使得记者更多地待在编辑部里。尼格伦的研究就指出,许多瑞典记者比5到10年前花费更多的时间待在编辑部。同一调查还表明,大多数很少离开编辑部的记者是所谓的网络记者,他们利用其他记者搜集的材料、网上的消息来源以及电话来尽可能快速地制作新闻。值得注意的是,尽管互联网使记者与消息来源的互动变得更加便捷与快速,但并没有使消息来源的多元性变得更强。

三、时间常规

时间是影响新闻取舍的重要考量因素,尽管关于新闻的定义纷繁多样,但在新闻价值的判断中,时效性却是一个最基本的元素。事件发生与新闻报道之间的间隔越短,新闻报道也就具有更高的价值,重视突发新闻、设置截稿期限都是时间观念影响下的产物。新闻工作是一个"因时作息"的行业,一方面,为了获取新闻,新闻组织和新闻工作者会配合路线与消息来源的工作时间而形成独特的工作节奏,比如定时定期拜访路线上的消息来源;另一方面,任何社会事件要被报道都需与新闻媒体的工作节奏相吻合。

在传统媒体环境下,尽管记者们努力缩短事件发生与新闻报道之间的时滞,但受限于客观条件,记者们处理的永远都是已经完成式的新闻。随着媒介生产平台的多样化以及一些更为复杂的内容管理系统的引入,记者生产所需要的单位时间越来越短。尼格伦的调查表明,传统的地方媒体的记者一天可以制作2~3条新闻,但在网络媒体工作的记者效率最高的可以达到一天5~10条稿件。这充分证明,互联网及其他数字技术的应用大大提高了记者的生产效率,增加了新闻产品的数量。但与此同时,新闻产品的质量并没有随之提升。也有学者注意到,数字技术也使得传统媒体的截稿期有所变化。克兰纳伯格指出,网络媒体已经打破了一个新闻工作日内(news day)原有的时间边界,创造了一个总是有突发新闻需要报道和反应的信息环境。记者完成工作的单位时间比以往被压缩了很多,在网络环境下从事新闻生产,必须面对时效性所带来的压力。"高速新闻"越来越具有支配地位。

这种对时间的过分强调也会带来一定的恶果。学者们已经发现,互联网时代的新闻业对速度和即时性的追求则衍生出一系列问题。首先,当对速度的追求演变为持续不断的"截稿时间"和新闻循环时,新闻常常以碎片化的形式呈现,使得公众难以知晓事件或议题的全貌,进而破坏了新闻业为公众提供全面和丰富信息的功能。其次,当新闻业对速度的竞争日益剧烈时,更可能引发对真实准确这一基本专业准则的放弃。这是因为,在巨大的时间压力下,很多媒体很难坚持在短时间内核实信息。而在对速度的追求下,互联网信息流通的高速逻辑又必然混合着或催生了对"新奇"的强调。这些都使得记者往往在未加充分核实的前提下发布报道,有时甚至导致虚假报道。

四、选择常规

传统的新闻从业者根据个人经验以及对社会的认知来判断某个事件的新闻价值,某些被选择的事件之所以能够成为新闻,是因为它们符合了特定的组织标准和文化价值。但互联网出现后,这一状况发生了一定的变化,网上热门事件成为媒体新闻选择的新标准。网络热点往往意味着此事具有吸引网民注意的元素,这种网络热点通常具有相当的一致性。一项针对You Tube影片内容的研究就发现,越轻松的内容,点击率越高;那些不平衡、没引述消息来源、有意见倾向的内容会较受欢迎。

此前的研究也还发现,网络新闻比传统新闻更具煽情取向。在一个融合性的新闻组织中,网站往往比电视或报纸更具煽情的倾向,这是因为,尽管报纸或电视都会或多或少地受到来自发行或收视的压力,但网站则比这些媒体更经常和直接地受到点击率的压力,因为点击率的测量和呈现是如此的方便、便捷和准确。网络新闻因而也被称为"点击率新闻",即直接根据点击率来决定新闻内容。白红义对位于上海的一家新闻网站的参与式观察也发现,作为一个商业取向的新闻网站,其运营的主要目的还是希望通过制作独具特色的网络新闻来盈利,网站的流量和点击率是必须纳入考量的关键指标。除了通过必要的技术手段导入流量外,新闻内容的选择也势必会受到用户反馈的影响,大力刊载那些看起来比较容易吸引用户的内容。虽然这些来自传统媒体的从业者仍秉持着一些正统的新闻观念,希望提供真实、客观的硬新闻给用户,但在巨大的外部压力下,这些试图提供优质新闻的设想未能得到很好地贯彻。一方面是成本、精力和时间的约束,另一方面则是用户阅读兴趣的总体转向。在一个强调速度的液态社会里,新闻的主题发生变化,政治、经济等传统的硬新闻不受青睐。体现在点击率上,就是那些严肃的、正经的政治、国际新闻往往点击率较为惨淡,而一些耸动的新闻反倒备受欢迎。为了追求网站的流量和点击率,网站的新闻工作者也不得不向用户的品味屈服。

第三节 从参与式文化到融合文化

一、媒介融合中的参与式文化

随着互联网技术的推进与社会的发展,参与式文化(Participatory Culture)已成为一股全球性文化潮流。詹金斯于1992年出版的《文本盗猎者:电视迷和参与式文化》一书首次提出了"参与式文化",用来描述媒介文化中的互动现象,但当时并未将这一概念理论化,只是将其与消极的媒体观看等概念相对,描述为"迷"的一种特性,产生和发展于"迷社群","主要集中于歌迷和影迷的研究。围绕流行文化及其使用者的关系而展开,探讨流行文化的挪用和消费等问题"。

詹金斯认为,当"迷"阅读和消化他们喜爱的流行文本之后,不仅享受其中的愉悦和内容,同时,也会将其进行改变和再生产。进而由一个被动的消费者转换为一个主动的文化生产者或盗猎者。直到2003年詹金斯在《昆汀·塔伦蒂诺的星球大战——数码电影、媒介融合和参与式文化》一文中再提"参与式文化",不再将其局限在"迷"等小社群生产出的文本与文化资本,而逐渐与新技术的赋权相连,将其视为"一种在新技术环境中产生的新的消费主义形式,能够实现消费者参与媒介叙事的创作和流通,并成为生产者的期待"。他肯定了受众的主体消费地位和受众的自主创造能力,并从文化研究视角弥补了受众定量调查研究的缺憾。参与式文化强调的是媒介消费方面的变革,反映的是媒介消费者角色的变化,他们不再是被动的"受"众,他们本身所具有的主动性和创造性在Web 2.0时代被极大地突显出来。受众不再作为信息接收器存在,"受众"一词在媒介技术高速发展的时代同时具备了信息生产者和消费者双重含义,也就是将"producer"和"consumer"合成"prosumer"。参与式文化促进了公民社区的构建和群体身份的认同,也为媒介生产者提供了新的内容资源。

2006年,詹金斯在《融合文化:新媒体和旧媒体的冲突地带》中将参与式文化与媒介融合进行整合研究,提出了融合文化。厦门大学学者杨玲2009年在北京师范大学攻读文艺学博士时译介了詹金斯的《昆汀·塔伦蒂诺的星球大战——数码电影、媒介融合和参与式文化》。2009年,湖南师范大学新闻与传播学院学者蔡骐在《网络与粉丝文化的发展》中便提出了网络中的粉丝走向了参与式文化,认为日常追星行为中粉丝闲聊的本质就是粉丝之间的沟通与互动。文本创造也在另一个层面上更加生动地体现了粉丝们的参与性。2011年,蔡骐和黄瑶瑛在《新媒体传播与受众参与式文化的发展》一文中指出,受众参与式文化在新媒体时代的总体表现主要有四个方面:传播模式与传受关系的改变、共享性文化的发展、社会变革的推进、个体交往与互动的重建,并提出参与式文化中受众应培养辩证与批判的思维,从认知和实践两个维度同时推进,提高受众的新媒介素养，以应对这一全新的媒介文化。2013年，西南科技大学青年学者岳改玲在《小议新媒介时代的参与式文化研究》中指出，参与式文化研究从"迷社群"研究出发，最初被视为"迷"所体现出来的一种特性，产生和发展于"迷社群"。

随着作为内容生产和传播重要手段的传播新技术的发展，参与式文化的内涵有了新的拓展，不再局限在"迷"等亚文化社群生产出的文本与文化资本，而逐渐与借助新技术的受众赋权相连。同时，在参与式文化场域内，存在着多重权力的冲突与协商。

二、参与式文化中的兴趣和共享

2009年，詹金斯在《面对参与式文化的挑战：21世纪的媒介教育》一文中具体阐释了参与式文化，认为参与式文化是一种艺术表达，公民参与门槛相对较低，支持创造和共享创造作品的文化。在这种文化中，个体建立起与他人的社会联系；经验丰富人士将他们的经验通过一些非正式的方式传递给初学者；同时，个体认为自己的贡献是有价值的，并在意别人如何看待自己的创作内容。参与式文化体现在以下几个方面：联系，指正式或非正式的会员身份，围绕一些在线社区而成立；表达，指创作有创意的文本，比如音频、视频、小说等；集体解决问题，指通过正式或非正式的团队来完成某项任务，比如维基、电脑游戏等；信息的传播，借助播客、博客等形式。2013年，爱琳·D·克劳利在《小组信仰形成中的数字媒体艺术生产》一文中探讨了参与式文化中数字媒体艺术生产在小组形成中的影响，认为参与式文化在实现公民参与、艺术表达和非正式师徒关系中是一种低门槛文化，肯定了小组在图像制造中的潜力，并且认为分享在信仰团体中已成为一种稳定的精神实践。2013年，国立新加坡大学新媒体与传播学院学者张玮玉在《粉丝活动的持续性与挑战性：中国在线翻译社区的参与式文化》一文中考查了对外国喜剧、游戏、影视剧感兴趣的中国粉丝团体的在线翻译文本，通过参与式观察和深度访谈，梳理了在线翻译社区的历史发展和结构布局；分析参与翻译工作的团队成员的动机，发现个人兴趣胜过集体目标；分析合作架构、合作意向、技巧、代理意识如何从娱乐内容翻译转移到公民教育内容的翻译；指出参与式文化培养从粉丝活动现已转移到公民参与,然而目前对粉丝活动到政治参与的转移关注仍不够。

三、参与式文化中的权力分配

2010年,密歇根大学的艾斯文·普那萨姆贝卡在《纪实电视节目与印度的参与式文化》一文中,围绕《印度偶像》第三季探讨电视、日常生活与印度当代的公共政治讨论间的联系。2007年夏天,媒体报道了《印度偶像》关注印度东北部放弃了数十年的独立主义身份,动员支持该地区参加决赛的两名选手艾米特·保罗和普阿珊特·塔芒。基于印度电视媒体态度改变这一现象以及印度东北部民族人类学政治的社会历史文本,探索纪实电视节目如何结合移动媒体技术和实践使新的文化和技术表达模式得以实现。提出"移动公众"这一概念,认为参与式文化通过电视创造了在公众中相互作用的日常生活形式更新的可能性,而这些可能已经被遗忘、抑制或者在一定的政治环境中不能实现。

2012年,D·尼蒂伦古·瓦查加在《紧急信息生态系统中的参与式文化:从"Ushahidi"中吸取的教训》一文中指出在媒体研究领域围绕新传播技术(NCTs)活动的研究比技术自身提供了更多新视角,尤其是关于受众参与度的。这个参与充满了挑战主宰者的声音和民族神话的潜力,参与改变了符号和词汇的表现和意义,为了促进民族团结这一唯一目的,重新定义了与国家内在仪式交织在一起的政客社会结构。但是新传播技术的普遍性是它已经充满了地方文化和全球意识,从而改变了先前的全球流动信息。通过对 Ushahidi——收集信息和互动绘图的开源软件,起初在肯尼亚被作为博客,现在全球使用的研究,论证了新传播技术在产生多重另类声音的效能感,而这种声音未必源自北半球。

2014年,哥本哈根大学伯加奇·范泰森在《民主的伪装:冰岛宪法审定中的社交媒体运用》一文中考查了由社交媒体服务协作重写冰岛宪法中启用的参与式进程。宪法委员会提出利用Facebook、YouTube、Flickr、Twitter 和 Stjornlagarad——是鼓励和确保普通公众在宪法重写过程中参与的网站——创建和呈现该法案,介绍了参与的公民包括弱势的网络公众,作为中间公众的宪法委员会,以及作为强大公众的冰岛议会成员。尽管拥有开放结构、便利的信息、声明,并进行审议,普罗大众的传播努力仍属于文化公共领域的弱公众形式,因为决策仍然发生在政治公共领域的"上层"结构。

2013年,加拿大安大略理工大学加奈历·朗罗伊斯在《参与式文化和传播新治理:参与式媒体的矛盾》一文中探讨了参与式文化和民主传播,认为在线参与平台的权力应该被理解为符号学开放性的治理。文化表达的观念不能仅仅理解为只是观察用户的文化实践,而应该重新关注使用户文化实践得以实现的网络环境,包括分析诸如规章制度、软件、语言加工等内容,使产品和意义流通成为可能的文化实践等的不同治理。因此,参与式平台的传播应该被理解为流动意义的管理,也就是信息的、技术的、文化的、通过意义的表达实现的符号学、动力学的编号过程。这便能理解通过软件平台转移信息为文化符号和形成用户感知、用户代理的逻辑。

2010年,华中师范大学许玲在《用户创作时代的媒介与文化——小议参与式文化及其民主潜力》一文中,探讨了博客、播客、维基等为代表的参与式媒介及其所构建的参与式文化环境,为追求以社会正义和公民权利为目标的公民行动提供了可能。人们开始重视新媒介及其传播网络的参与以及民主可能性在追求以社会正义和公民权利为目标的运动过程中的重要性。

四、参与式文化产业及生态

2012年,印第安纳大学马休·格斯奇文在《影迷、品牌迷以及参与式文化的限制》一文中从两个视域分析运动团队的支持者:①品牌视域,将支持者定义为忠实的客户和潜在的商品;②球迷视域,把支持者作为代理的意义生产者,将粉丝为其所用。以上两方面并列在一起揭示了粉丝的象征性主人翁意识是如何被推动和否认的。他用"brandom"一词来指缺乏真正自主性的品牌控制粉丝社区,并以意大利罗马拉齐奥"Irriducibili ultras"粉丝俱乐部为个案研究有组织的球迷对创造和提升商品品牌影响力的潜力。此外,文章指出有组织的球迷可能威胁到体育团队与品牌所有权的象征性和财政合法性,以及球迷(消费者)与球队(品牌)之间存在的典型关系[①]。

2012年,南加州大学莱安·吉莱斯皮在《互动技术时代的艺术批评:批评和参与式文化》一文中认为,大众媒体的新闻报道已被互动媒体的新闻报道所取代。很多讨论聚焦在艺术家、守门人、生产者和消费者在此变革中的作用,但是在新闻报道中起作用的重要原则又是什么呢? 对批判性文化研究的批判观念进行了历史性的分析,摆脱镇压和解放之间的矛盾,运用批判理论做一个规范的判断。没有这样的方法,批判很容易与消费主义合并,并引发两个后果:个人偏好判断力的下降,前卫潜力的消失。他认为在互动技术、Web 2.0的世界里,我们需要更多的批判,而不是更少。

2007年,北京师范大学李德刚、何玉在《新媒介素养:参与式文化背景下媒介素养教育的转向》一文中指出参与式文化是以网络虚拟社区为平台,以青少年为主体,通过某种身份认同,以积极主动地创作媒介文本、传播媒介内容、加强网络交往为主要形式所创造出来的一种自由、平等、公开、包容、共享的新型媒介文化样式,同时指出了融合文化背景下,就受众方面而言,已从"参与式媒介"发展到"参与式文化",就媒介素养方面而言,已从提高"媒介批判意识"发展到提高"新媒介交往能力",并针对学校、社会与家庭提出了新媒介素养的教育策略。

2010年,岳改玲在博士论文《新媒体时代的参与式文化研究》中探讨了参与式文化的兴起、参与式文化场域中的受众参与和自我赋权、参与式文化场域中的权力困境、参与式文化的传媒产业等。文章认为,参与式文化带来了文化权力的结构性变化。新媒体时代的参与式文化体现了受众的创造性,呈现为集体的、互助共享的状态,其所强调的并不仅仅是单纯的"个体表达",更重要的是"社群参与",受众拥有对于内容生产越来越多的控制权,并在参与和互动中实现了自我赋权。参与式文化是话语和权力关系的交叉点,其中,各种力量相互博弈。技术力量、商业力量、国家权力和精英等在参与式文化场域中发挥着各自的影响和作用。

①扈本发. 探析融媒体时代的新闻策划[J]. 中国新通信,2020,22(12):147-148.

其中,前三种属于结构层面,具体体现为:技术力量对于参与的制约,资本与商业化力量的浸染,国家权力对于博客等社会媒体的审查等。另外一种则属于个人层面,体现为参与者之间以及参与者和非参与者之间的参与鸿沟。在新媒体时代参与式文化场域中,仅强调参与是不够的。参与式文化的培育和发展需要多方面社会力量的配合。在政府层面上,政策的制定应致力于让现有的媒介环境更适合社会公平、社群自主及文化多样的成长,需要加强新传媒道德与社会公德的培育,以及开展新媒体素养教育。

第四节 融合文化的核心问题

"融合文化"一词最初由美国学者亨利·詹金斯在其专著《融合文化:新媒体和旧媒体的冲突地带》中提出。詹金斯被称为21世纪的麦克卢汉。麦克卢汉的关注点在技术方面,而詹金斯的关注点在社会、文化方面,他们研究的共性是不只简单地审视媒体内容,而且审视研究媒体系统自身具备的逻辑方法,这种逻辑影响着媒体如何被利用以及它们如何影响社会。

一、融合文化的本质——人与媒体间关系的思维方式变迁

2006年,詹金斯在《融合文化:新媒体和旧媒体的冲突地带》中对融合文化进行了界定。首先,媒介融合并不只是技术方面的变迁,更是一种文化变迁。融合文化理论中"融合"的概念包括横跨多种媒体平台的内容流动、多种媒体产业之间的合作以及四处寻求各种娱乐体验的媒体受众的迁移行为等。通过融合概念描述的是技术、产业、文化以及社会领域的变迁,这种变迁取决于是谁在表达以及表达者认为自己在谈论什么。融合代表了一种文化变迁,因为它鼓励消费者获取新信息,并把分散的媒体内容联系起来。其次,融合所指的是一个过程,而不是终点。融合既是一个自上而下公司推动的过程,又是一个自下而上消费者推动

的过程。公司融合与草根融合同时并存。媒体公司正在学习如何加快媒体内容跨越承载渠道的流动,以扩大盈利机会、拓展市场以及增强观众忠诚度。消费者也在不断学习如何利用各种不同的媒体技术使媒体内容流动更全面地处于他们掌控之中以及与其他消费者进行互动。这种新的媒体环境的承诺引发人们对思想和内容更加自由地流动的期望。在这种理想的激励下,消费者将为更全面地参与到自己文化中的权利而斗争。有些时候,公司融合与草根融合之间互为补充,从而在媒体制作人与消费者之间建立更紧密、更有益的关系。有时候,这两种力量会处于斗争状态,这些斗争将重新定义社会文化的面貌。最后,融合文化以受众研究为中心。融合文化研究的关注点集中在消费者的能动作用上,他们在利用何种媒体传播、在何种情景下、承载何种蕴意方面的宽泛选项中做出审慎的选择,从而有助于形成媒体生态。

2009年,河南理工大学学者郜书错在《悖论与反思:媒介融合的文化逻辑》一文中对詹金斯的融合文化理论进行了阐释,他认为在一个媒介全面融合的社会环境里,从结构、制度和权力等视角研究其内在的文化逻辑,不但将从理论上推动媒介融合实践迈上新阶段,也将从实践上为培育社会新文化开辟新思路。

厦门大学学者杨玲2011年在北京师范大学从事博士后研究工作时在《媒介、受众与权力:詹金斯的"融合文化"理论》一文中梳理了詹金斯"融合文化"理论的来源、发展、特点和意义。她认为,"融合文化"理论结合文化研究和政治经济学的视角,对当代媒介融合、媒介与受众的关系、媒介生产者与媒介消费者的权力博弈做出了全面的描述。

2015年,吴世文在《媒介融合的多重逻辑及发展取向》中阐释了詹金斯的观点:媒介融合是一项动态的系统工程,当下永远处于融合的"过程"之中,并指出传统媒体的"强化内容、占据渠道"与新兴媒体的"强化连接、溶解一切",二者最后必然殊途同归,以满足受众——用户的需求为旨归。

二、融合文化的核心——参与式文化与集体智慧

融合文化研究中涉及一个重要概念——集体智慧。集体智慧是法国

数字文化理论家皮埃尔·莱维首先提出的："我们当中没有人可以无所不知，但是我们每个人都有所知；如果我们把各自的资源集中在一起，把分散于个人的技能结合在一起，我们对于世界的了解就会更加全面。"集体智慧可以看作是媒体权力的一种非主流源泉。

我们正在通过融合文化环境中的日常互动交流来学习如何利用这种权力。詹金斯在《融合文化理论》一书中，探究了通俗文化中的集体意义建构（collective meaning-making），考察它逐渐改变宗教、法律、政治、广告甚至军事运行的方式。中国传媒大学传播学博士研究生王蕾2011年在《亨利·詹金斯及其融合文化理论分析》一文中概述了詹金斯的融合文化理论及其特征，指出融合文化理论中受众或消费者通过与媒介生产方战术性合作的方式实现自身的话语权和媒介地位，表现出的不只是抵抗的力量，更多的是一种集体智慧。2011年，武汉大学学者吴世文在《融合文化本质与受众自我赋权》一文中指出融合文化本质上是一种参与式和互动式文化。在传播新技术的驱动下，受众通过参与和互动以生产融合文化，并与"传者生产"进行博弈而实现了自我赋权，最终分享了原来由垄断媒介文本和媒介文化生产的"传者"所牢牢掌控的媒介文化权力、融合文化还是一种新型的大众文化，也是现阶段正在出现的新兴文化样式和文化特征。当前融合文化中受众的自我赋权及其赋权模式不断扩张和深入发展，但却面临着复杂的现实困境①。

三、融合文化的关键——媒介文化权力

詹金斯在《融合文化：新媒体和旧媒体的冲突地带》中指出，不同于以前把媒体制作人和消费者当作完全分立的两类角色，现在我们可能会把他们看作是按照一套新规则相互作用、相互影响的参与者，目前，这种新规则还没有人能完全理解。并不是所有的参与者都生来平等。公司机构——甚至是公司媒体的成员——仍然要比单个消费者甚至是消费者集体所施加的影响要大一些。同时，一部分消费者在参与这种新兴文化方面比其他消费者所拥有的能力会更强一些。2009年，武汉大学学者纪莉在《在两极权力中冲撞与协商——论媒介融合中的融合文化》一文中，

---

①董姝. 融媒体视域下新闻传播研究与分析[M]. 长春：吉林人民出版社，2018.

梳理提炼了媒介融合中的基本文化问题,指出媒介文化权力问题是融合文化的核心问题,并在融合文化范式中,运用文化研究理论探索融合文化的理论与现实困境。

第五节 融合文化研究的发展趋势

融合文化研究将媒体融合研究的关注点从技术、内容、管理与制度层面扩展到媒体融合的文化逻辑,使得媒体融合研究视野更为宏观开阔。此外,融合文化研究将媒体融合研究的重心指向融合中的受众,聚焦讨论受众(主要是积极的受众)通过参与和互动生产融合文化及其中的权力关系,更立体、动态地展现了媒体融合的运作过程。融合文化将媒体融合研究引向了一个更广阔的领域,同时,面对的问题也更为驳杂,但一旦把握了其中的主脉,便可提纲挈领、豁然开朗[①]。

詹金斯曾在《融合文化》中指出,媒体融合就是一个"新旧媒介碰撞、草根媒介和公司媒介交汇、媒介生产者的权力和媒介消费者的权力互动"的场域。在媒体融合进程中,媒介生产者致力于促进媒介内容的跨平台流动,获取受众认同,拓展市场和收益。意识形态方则意在争取受众,并获得价值认同。用户则希望利用新的媒介技术为自己争取更多的权利。意识形态方、媒体生产者和消费者在融合文化中所持立场不同,他们又是彼此互动,为了实现自身利益,有时候各自的立场又是不断进退变化的。参与式文化的实践仍然处于社会权力结构之中,加上媒介化社会中,个体的独特性和复杂性,在参与过程中便会呈现出参与程度、方式、目的和结果的不同。媒体生产者以及从媒体机构中出走的个人,仍然比普通用户群体拥有更大的权利。即便在普通用户群体中,不同个体的参与能力也不尽相同。因此,融合文化研究中用户参与的复杂性及权利的不平等性始终是个复杂且值得探索的问题。

---

①胡洪春. 机遇、挑战与使命 融媒体时代的传媒教育[M]. 北京:中国传媒大学出版社,2017.

　　融合文化研究打破了媒介文化研究中偏重文化生产的政治经济学研究和偏重文化消费的文化研究的对立。二者的分歧主要表现在，受众是在抵抗文化工业，还是被文化工业收编。生产方式，尤其是新媒体技术对文化生产的影响日益明显，而在新技术的运用中，人的主体性及差异性也日益明显，因此倚重文化生产者和倚重受众的文化研究都有失偏颇。詹金斯认为，这种"非此即彼的对立"，并不能充分揭示媒介融合和参与性文化之间的多重的、动态的且经常矛盾的关系。融合文化将政治经济学和文化研究结合起来，关注媒介生产和媒介消费之间的动态关系。詹金斯指出："抵抗本身不是目的，它只是一个为了获得文化多样性和迫使媒介公司承担责任的工具。在融合时代，民众可以通过消费社群获得集体智慧和话语权。为了达到目的，在处理和媒介工业的关系时。消费者不妨用一种战术性合作代替传统的对抗。"

　　在文化研究的视野下，融合文化因其用户参与的大众性及草根性，使其具有通俗文化（popular culture）的革命性、反权威性，一些研究者将其视为大众争取更多媒介文化权利的新兴文化。然而，融合文化对技术的依赖性又使其表现出一定的反大众性，被媒介技术解放的首先是在技术或经济领域占优势地位的阶层，而非大众。媒介融合是以技术融合为先导，通过技术更新带来社会、文化的变迁。在融合文化中，技术垄断对融合文化的影响，以及媒介技术革命背后的资本积累与经济霸权对融合文化的影响都不容忽视。更多的研究者仍为受众如何获得日益渺茫的文化权力感到忧虑。"柏德迪凯恩的研究显示全球媒介产业基本被时代华纳等5家媒介集团垄断。麦克切尼和席勒在研究中发现，传播技术发展带来全球媒介集团的垄断加深，根本没有带来所谓的透明、互动或参与式的媒介生态；而受众在网络空间被裂片化，使得大众分享共同的价值取向，形成反抗或者抵制的力量更为艰难。柯柏恩的研究有力地证明了媒介集团整合与受众多样化表达并没有成为媒介内容生产和消费中相互制衡的两极力量。"融合文化作为一种依托新技术的参与式文化，它的复杂性、动态性及带来的诸多可能性，值得我们进一步关注、探寻。

第三章 融媒体时代新闻传播的特点

第一节 融媒体时代的新闻传播要素特征分析

融媒体与传统新闻媒体处于不同的新闻环境,研究融媒体时代背景下新闻的传播过程,有利于探索新闻的生产、运作,有益于认识新闻网站如何发挥新闻媒体应有的功能。

一、融媒体时代新闻传播的要素

传播过程一般包含信息、传者、受者、媒介等基本要素。融媒体环境下的新闻传播要素具有明显的特殊性。

第一,融媒体环境下,新闻的信息要素不再是消除不确定性的信息,其本身就是具有不确定性的新闻话题。融媒体环境下"人人皆记者",任何网民都可通过BBS、Blog、SNS、微博等平台撰写、编辑稿件并发布。这些新闻由网民自主自愿发表,几乎没有经过任何专业化的选择与加工,内容大都是网民真实的主观感受,带有明显的个人色彩和个性特征,在传播时被不断赋予新的意义和内涵,经历着不断重构的过程。

第二,新闻的传者与受者不再有明显的身份地位差别,而统一为同一网络环境中的成员。传统新闻传播中,传者是职业化的传播机构或个人,按照专业规范传播信息,个性特征受限,受者是按照某些特征标准划分的目标群体,个人信息较为模糊。融媒体环境中,新闻的传、受双方是以社区形式聚集的网民,网民在登录网站和发布信息时需提供部分个人信息,且大部分网站通过行为数据系统,记录网民的社区行为数据,对网民进行清晰的定位。因此,融媒体中的网民个人信息更全面,网络行为数据丰富,个性鲜明独特。

第三,融媒体不再仅仅是承载信息、连接传受双方的中介物,而成为传受双方沟通交流的渠道和工具。传统的新闻由媒介向受众单向传播,媒介只是传播者对受众的广播通道。而BBS、Blog、SNS、微博等社会化软件使创造图片、文字、视频和音频等内容越来越容易,新闻在媒介和用户之间多向流动而非单向传递,具有交流、对话的特点。而且,融媒体中的社会化软件还能通过链接与其他软件相融合,聚合广泛的新闻事实。

二、从传播五要素看移动互联对新闻传播的影响

随着智能手机的普及,移动互联对我们的影响已经渗透到了各个方面。信息通过智能手机实现了零距离、零时差传播。如果说20世纪90年代的移动互联只是加速了新闻的传播,那么在今天智能手机普及的大背景之下,移动互联则对新闻传播产生了颠覆性的影响。

(一)对传播者的影响

第一,媒体格局发生改变。移动互联时代,手机成为人们获取新闻资讯的主要方式。只要在有网络的前提下,人们可以随时、随地通过手机获得最新、最全的新闻资讯。手机终端给网民带来了极大便利的同时,也给传统媒体带来了致命性打击。

第二,人人都是生产者、传播者。随着移动互联的快速发展,许多自媒体开始兴起,他们在新闻传播过程中发挥了举足轻重的作用。再加上每一网民都能在互联网平台找到自己的发言渠道,这进一步导致了新闻传播的无门槛化,人人都是新闻信息的生产者和传播者[1]。

(二)对受传者的影响

移动互联使得受众的阅读习惯发生改变,并使得受众产生分流,同时,让受众的接收信息行为和社交活动融为一体。

第一,受众阅读习惯发生改变。从以前的"看"新闻、"读"新闻,到现在的"刷"新闻,移动互联对受众阅读习惯的影响无疑是巨大的。过去,受众更依赖于纸质阅读,其阅读行为是持续的、深入的。而在移动互联时代,受众更依赖于从随身携带的智能手机上阅读新闻,其阅读行为呈

①乌日娜.论新闻传播教育的创新发展[J].采写编,2020(03):143-144.

现出碎片化特征。

第二,受众分流。过去,受众以整体呈现,他们接触到的新闻内容大体一致,并无明显特征和界限。而今天,受众在移动终端浏览新闻时,大数据技术能准确地记录受众的阅读偏好。媒体利用这一技术优势,向受众推送与他的兴趣偏好相契合的新闻内容,慢慢地受众也只能看到自己感兴趣的新闻,久而久之,受众产生分流。

第三,社交化。手机新媒体在信息传播过程中的一个显著特点便是实现了社交化,它使得新闻客户端与社交网络相互嵌入,新闻与社交的边界渐渐模糊。

一方面,手机新闻客户端都设置了留言板块以加强与受众的互动,受众在浏览新闻资讯的同时可以与其他受众一起进行交流和互动;另一方面,许多社交APP具备了新闻传播的功能,如微信、微博、QQ等。

(三)对讯息的影响

新闻的讯息指的是新闻本身。移动互联使新闻信息的时效性空前增强,趣味性和可视化要求增加,同时也伤害了新闻的生命力——真实性。

第一,时效性增强。在移动互联背景下,新闻的时效性空前增强,手机媒体打破了传统媒体格局,实现了新闻信息传输的即时性。传统新闻媒体因为自身的局限性,其新闻的制作和传播有一定的延迟性。和手机媒体相比,其时效性大打折扣。但手机媒体却可以在第一时间将信息推送给网友,只要在网络良好的情况下,新闻的传送和接收几乎可以同时发生,且没有版面、时长等限制。

第二,趣味性、可视化要求增加。由于受众的阅读方式和阅读习惯都发生了改变,为了迎合受众的口味,新闻内容本身也相应地发生了改变,对其趣味性和可视化要求增加。今天,由于人们生活在快节奏和高压的环境之下,在诸多新闻价值当中,新闻的趣味性越来越受到重视。很多毫无新闻价值、仅能满足受众猎奇和娱乐的新闻广为流传。

(四)对媒介的影响

媒介是信息的搬运者,也是将传播过程中的各种因素连接起来的纽带。移动互联使得传播工具对网络的依赖性空前增强。

第一，对网络的依赖性增强。在移动互联时代，网络是新闻传播的生命。没有网络，传播者无法对新闻进行传播，受传者更无法接收新闻。新闻传播对网络的依赖性空前增强。而在移动互联网技术兴起之前，媒体离开网络也能从事新闻生产和传播，受众离开网络也能进行新闻阅读。

第二，智能手机成为第五媒体。作为信息传播的工具，媒介在信息传播过程中起着纽带作用。我们先后经历的媒介有报纸、广播、电视，而如今，我们接触新闻信息的主要载体已经是智能手机。

在移动互联时代，手机是最重要、使用人数最多、普及程度最高的移动互联网接入终端。仅从我国的情况来说，手机网民的数量就已经超过8亿。智能手机既可以被当作一份报纸，又可以被当作一台广播，还可以被当作一台电视机，它囊括了几乎所有的媒体形式，可以说只要拥有一部智能手机，便拥有了所有的媒体。

（五）对反馈的影响

移动互联时代，受众的反馈方式更加便捷，成本也随之降低。而反馈内容也更加多样，受众的分享、互动行为都可称之为反馈，正是这种多样化的反馈方式，加速了信息的传播。

第一，反馈方式便捷、成本降低。在移动互联时代，受众对新闻内容的反馈不仅变得方便、快捷，而且还能很快得到回应。很多新兴媒体都有专门的工作人员负责整理受众的反馈信息，并及时做出回应，受众的反馈得到了回应，这种双向反馈鼓励了受众，从而使受众更愿意参与到反馈中来。

第二，分享、互动行为，加速信息传播。在过去，当人们看到一则有趣的新闻时，无法将它分享给不在身边的朋友。而在今天，在移动互联技术的支撑下，人们所看到的数字新闻都可以被分享出去，一传十、十传百，促使新闻产生二次或多次传播，从而使其传播范围更广、影响力更大。

三、融媒体时代新闻传播特点

（一）以人际传播为基本形式

通常情况下，人际传播指两个或两个以上的人之间借助语言和非语言符号互通信息、交流思想感情的活动。

融媒体有效地超越了信息传播的时空限制,扩大了人际传播空间;电子邮件、即时通讯软件等网络工具使信息交流更方便快捷;网络自由平等的交流方式使参与者能比较容易地突破年龄、性别、社会地位等传统因素的制约。融媒体降低了现代社会人际交往的成本,提高了人际交往的开放性,成为现代社会应用最为广泛的人际传播工具。

融媒体不仅仅是传播信息的媒介,还是沟通情感的有效渠道。因此,融媒体环境下的新闻传播以社会化软件为交流平台,传播过程摆脱了传统以大众媒介为中心的特点,信息向个人集中,大多是网民之间一对一的个体活动,方式灵活多样,互动性强,反馈及时,符合人际传播的特点。

(二)意见领袖具有关键性作用

拉扎斯菲尔德等最早提出意见领袖的概念,所谓"意见领袖"即"活跃在人际传播网络中,经常为他人提供信息、观点或建议并对他人施加个人影响的人物"。

融媒体环境下,新闻同样会通过意见领袖在网民间传播,其作用主要表现为信息参照和意见提供两个方面:一是面对海量新闻,与官方媒体相比,意见领袖与网民的心理距离更近,传播动机更可信,因而成为网民的信息参照。二是大多数网民对新闻事实难以验证和解读,他们会向意见领袖寻求帮助。

(三)融媒体时代新闻传播特点的启示

第一,融媒体环境下的新闻多源于网民的主观体验,在传播过程中不断重新建构。因此,新闻媒体从事新闻传播活动时,在选择、采写新闻时可以更多参照博客、微博等信源;对于那些在网民中自发产生的新闻性话题,新闻媒体可以发表意见并参与讨论,引导网络舆论。

第二,融媒体新闻的传受双方都是社区网民,网民个人信息丰富、个性鲜明,对信息的需求量大且乐于分享,相互间有很强的影响力。因此,新闻媒体可根据网民信息数据,更好地了解网民信息需求,清晰定位目标读者,使新闻传播更有针对性;通过参与网络社区建设,新闻媒体也可以成为社区成员,获得网民的认同与信任。

第三,社会化软件作为融媒体新闻的传播媒介,更具开放性和聚合性,为网民提供了制作、发布和交换信息的机会。新闻媒体可以借助社会化软件生产形式多样、内容丰富的新闻,同时利用社会化软件的开放性和聚合性,广泛传播信息。

第四,媒体开展融媒体新闻活动时要注意建立、维护与网民之间的情感联系,以保证新闻宣传的质量和效果。要提供真实详尽新闻信息,取得受众的信任,只有以客观事实为基础,在网络中发布真实详尽的新闻信息,才能取得网民的信任,塑造良好的媒体形象;要善于分析受众的信息需求偏好,积极主动反馈受众意见,根据受众意愿不断改革产品、创新服务,以更好地满足受众需求;要积极参与网络活动,提供始终如一的优质服务,新闻媒体如果能够以成员的身份参与网络活动,可以与其他成员建立良好的关系,获得网民的认可。

融媒体环境下新闻信息自由流通,传播速度快、范围广,借助网络舆论,新闻的影响力呈几何级数增长。新闻媒体在网络上发布的任何信息都有可能左右媒体在网民中的形象。新闻媒体必须提供始终如一的优质服务,才能在竞争激烈的融媒体环境中立于不败之地。

第二节 融媒体时代新闻传播的表现

就新闻传播的表现方式而言,存在不少的技巧,选取视角、进行深度挖掘、设计标题、运用修辞手法等,可以采用千差万别的叙事方式来表达同一个新闻事件。新闻的准则是客观、公正和真实,但是人作为新闻叙述的主体,就必然会带有一定的主观性色彩。

在新闻传播手段中,新闻叙事是还原新闻事件,却不能代替新闻事件本身,在此过程中,叙事主体将一定的观点、视角和情感等渗透到了叙事当中。因此,这使得叙述者无法跳出自身语言框架,而新闻叙事的加工不可避免对事件进行选择和重组等。因为是加工,那么加工者,也就是新闻传播者和传播机构,他们的认识水平、思想观念和情感态度等都会很大程度上影响到叙事。通常来说,新闻叙事的效果往往会很大程度影响到最终的新闻效果。

一、新闻传播的审美价值取向

新闻传播者具有一定的话语权威,因而决定了新闻传播者将肩负重大的社会责任和文化使命,通过新闻叙事的方式,传播者将自己的情感诉求、价值观念和敬业精神等传达出来,影响着广大受众。因此,要想使新闻叙事具有美感,就要仔细挖掘新闻题材,对新闻题材的运用进行认真的思考,通过文字的加工,才能使新闻作品深刻感人。新闻视角实际上是传播者审美价值取向的一种折射。比如面对重大灾难,新闻编写就应该做到以人为本,对受灾群众的生存状态和心理状态予以高度关注,从而使我们的新闻传播传达出比较强烈的人文关怀,这样就紧密结合了传播主体的情感和新闻叙事对象的情感,从而达到感染人的效果,同时也使得新闻在道德层面的厚重感增强了。

二、新闻传播中的"异化"现象

大众媒体在对某一社会新闻事件进行报道和传播的过程中,自觉或不自觉地背离了初始的传播意图,导致广大受众越来越关注新闻事件的外延而不是新闻所表达的本身,从而走向了新闻传播预想的相反方向,产生了不良的传播效应和社会影响。人们逐渐丧失了自觉获取直接经验的主动性,越来越依赖于大众媒体来获得各类社会信息。大众传媒以其迅速、深入、广泛以及强劲有力的传播优势,引导着人们对社会新闻事件的认识和把握,深刻影响着人们的舆论导向甚至生活方式。当今社会,新闻传播无疑已经成为最先进、最活跃、最具影响力的传播形态,这就在某种程度上扩展了媒介化生存的空间,也因而产生了有悖于大众传播初衷的"异化"现象。正确认识并深刻反思新闻传播中的"异化"现象,有利于大众传媒的健康发展,从而营造良好的舆论氛围和社会语境,促进社会的和谐发展[1]。

---

[1]熊希伦.融媒体背景下报纸新闻传播的创新发展研究[J].新闻研究导刊,2020,11(13):243-244.

三、新闻传播的真实性

真实的首要意义是把新闻与非新闻区别开来,真实是新闻存在的根据,是新闻安身立命的根本。其次,真实是传播实现新闻传播目标的基础,失去真实性,新闻传播追求就失去了根据。最后,真实是新闻传播的力量所在,优势所在。

"体验式采访"是获得生动的第一手资料的采访形式,可以加深对事物的认识。所谓采访中的知行并重,知就是听情况,看材料;行就是体验式采访。俗话说,要知道梨子的滋味,就要亲口尝一尝,体验式采访就是解决"尝一尝"的问题。特别是正面报道,一般都能得到对方的积极配合,但在某种利益驱动下不乏夸大、拔高、浮夸的现象。而"体验"式的暗访,就可克服这种缺点,辨别真假虚实。因此,使用这样的采访方法,就比较容易发现问题;如果是名不虚传,那么这样的方法本身就在了解中带有检验的成分,原原本本写出来,读者就会破除"为宣传而做作"的不疑。记者与采访对象一同生产生活,认识过程更自然、更合情合理,从他们那里就会获得更多的帮助,了解到更深入的情况。因此,当你在采访中,经过努力仍然不能从采访对象中获得有用材料的时候,你不妨先参与到他们的生活中去,在实践活动中同他们打成一片,加深与他们的感情,或许采访会出现新的局面。记者写一般的新闻报道,可以不经过亲身感受,而他如果想写出打动人心的报道,那就一定要有自己强烈的感受。自己没有感动的东西是不可能写出感动别人的报道的。

俗话说,听过不如见过,见过不如亲自干过。美国作家杰克·伦敦当记者的时候,也曾打扮成美国水手,住进英国贫民棚,采访那里的下层人民的生活。这也是一种值得学习的亲身体验的方式。记者采取亲身体验的方式,可以更多地看到事物的本来面目。清楚地认识和了解采访对象。人要认识某个事物,就要和那个事物接触,就要生活在那个事物之中,从感性认识上升到理性认识。

新闻真实是新闻传播范围内的真实。第一,新闻真实是新闻报道的真实,并不包括新闻传播媒体上其他信息的真实问题。第二,在事实世界与新闻事实的关系上,事实是揭示全体,新闻事实是部分,而且是很小的一部分。第三,新闻传播只是人类认识、反映事实世界的一种手段,运用这种手段把握道德世界。

四、新闻价值观的确立和变迁

新闻价值观从属于一定社会新闻传播体系,受到新闻传播体系的性质、构成、变化过程的制约。新闻价值观的具体内涵必须联系整个新闻传播体系才能得到确认。同时,社会政治、经济、文化的变革和发展也为新闻价值观的内涵变化提供了宏观背景和必要的契机。改革开放以来,中国新闻传播的价值观念便集中体现了急剧变动的转型社会若干特点。在新闻传播的视野中,改革开放首先是人的思想解放,即传播者和受众思想的解放。新闻传播的过程就是新闻价值的实现过程。作为对新闻的评价尺度,考察改革开放以来新闻价值观的演进离不开新闻传播的发展过程。而且,一定的新闻价值观的形成是新闻传播者与受众共同作用的结果。

在特定的社会转型时期,传播者和受众由于立场和认识上的差距形成的新闻价值观的不一致往往是现实状况。在新闻改革的道路上,新闻价值观始终在传播者与受众、新与旧、中与西、封闭与开放之间寻找其历史支点。因此,改革开放以来,新闻传播价值观的演进必须在新闻传播的历史过程中,在传播者和受众的互动关系中加以考察。

新闻真实是一定新闻传播价值取向下的真实。新闻传播作为一种社会认识活动,必然要受到传播主体新闻价值追求的影响,传播的内容、再现方式是在传播价值取向下的选择,这就决定了新闻真实必然要受到价值取向的制约。

五、新时代的新闻传播

在过去,新闻的传播方式都是由专业的新闻播音员进行口播。随着时代的发展,科技的进步,AI智能出现在人们的眼中,只需要捕捉一个人的表情就可以智能合成一个机器人播音员,并且技术趋于成熟。一旦AI普及,传统的新闻传播方式将会被逐渐取代,而机器人则在降低传播成本的同时,也提升了传播信息的时效性。

(一)AI智能新闻传播

AI智能是时代发展过程中的科技产物。AI智能新闻主持也是在近期才刚刚浮现在大众眼前的一个新型名词。不过,虽然才刚刚兴起,但是在中国,新华社已经较为成熟地进行AI智能的应用了。

AI智能主要用于新闻采集和新闻写作等方面,结合传感器新闻和机器人写作等模式,使人们可以体验沉浸式新闻的魅力。AI新闻机器人可以通过数字编程逐渐形成自己的新闻模式,并且以最快的速度生成相应的报道,能够有更高的效率并且几乎达到零失误。所以,AI新闻机器人能够快速被人们所接受,也被越来越多的企业所应用。

(二)AI智能机器人对新闻传播带来的影响

AI对媒介环境带来的变化是非常直观的,AI技术的发展直接推动了媒介间的融合。当前,媒介的新趋势是融媒体和全媒体,媒体融合更加地智能化和数字化。AI智能的一大亮点是语音合成技术的研发及使用,这种模式在商业中应用已经十分普遍,AI智能语音合成让人很难去分辨是真人演播还是机器人,甚至AI就能代替人工去服务大众,最典型的例子就是手机当中的AI智能语音系统。AI新闻机器人还用于推送新闻,比如说现在一些比较热门的实时新闻软件,可以根据用户平时浏览的消息新闻进行智能分类,然后根据用户的喜好进行推送。这些都是AI机器人的功劳。AI新闻传播借助数据融合技术,实现资源整合。

在AI不断进化完善的同时,新闻传播所涉猎的内容也越来越广阔,直接导致了大量的数据新闻产生,通过对大量复杂数据进行编程,从而产生了新型的动态新闻传播方式。

(三)AI智能背景下的新闻传播的发展前景

AI智能发展得越来越快,有部分传统新闻人也有了自己的疑虑,一旦AI完全普及开来,那会不会使大量的新闻工作者失业。其实这种担心完全没有必要。因为AI机器人再智能也无法完全替代人类,反而AI的兴起会给新闻工作者带来更多的便利。比如说战地记者,一旦AI普及并且广泛应用,那么以后战场上拍摄的画面可以完全由机器人进行拍摄,这一措施能很大程度保障战地记者的人身安全。而且AI的致命缺陷就是如果没有原始数据,AI就完全没法工作,毕竟现在的人工编程根本无法媲美人脑。数据流再庞大可能也没有人脑的十分之一那么多,所以很多事情还是需要新闻媒体人自己去手动完成的,AI的发明只是为新闻工作者提供了更大的便利。

当前,我国各大门户网站的新闻视频数量不断增加,但是其社会影响力和辐射面与传统媒体相比,依然十分有限。大部分受众依然习惯选择报纸、电视等传统媒体获取新闻信息。在媒介融合时代下,新闻短视频是传统媒体的有效补充,二者呈现相互依存的关系。首先,相比较传统媒体,短视频可以为受众呈现动态的事实真相,带给受众直观的收看体验;其次,随着智能手机和移动网络的全面发展,短视频所具备的"快、平、短"等优势,必将成为新闻传播的重要形式,其符合网络文化下的语言规则,迎合用户的片段性阅读方式,视频真正进入读秒时代;最后,传统媒体在经过长期的发展,其与新媒体相比较,在人才和专业方面依然具有明显优势,在受众群体中认可度较高,尤其在社会舆论引领方面,更是新媒体难以比拟的。在网络文化和新媒体的强势冲击下,传统媒体要积极更新理念,以积极的态度看待新媒体,并且将短视频作为新闻传播的重要载体和方式,将更多新闻内容及时以短视频的形式呈现给受众。人工智能的发展,将直接决定未来新闻传播行业的发展方向。新闻行业也应该以此为契机,在科技领域充分发展新闻传播,实现人工智能精细化操作,让传统新闻传播与科技充分结合,让新闻传播方向涉猎更加广泛的领域并开创更加美好的未来。

第三节 融媒体时代新闻传播的优势

随着信息技术的不断革新以及社会的发展,融媒体时代全面到来,在这样的大背景下,传统的新闻传播模式迎来了全新的挑战。为了更好地适应社会的发展以及时代的进步,媒体融合的趋势愈加明显。新闻工作者必须与时俱进,大胆创新,通过学习不断明确融媒体时代的优势与特点,进而做出有效创新,从而适应大众与社会的需求,科学发展。

在融媒体时代,不仅人们的信息获取方式以及信息处理方式有了巨大的改变,人们的生活也发生了翻天覆地的变化,在传统的信息获取中,人们往往会单从读报纸、听广播以及看电视等固化途径来获得消息,而在融媒体时代,信息获取模式变得更加多元,渠道也更加广泛,在这样的大背景下,新闻媒体人以及相关单位必须紧跟时代潮流,大胆进行创新变革,从而顺应发展,为国家与社会乃至人民提供更好的信息服务。

一、融媒体的优势

和传统的媒体相比,融媒体无论是新闻来源还是传播范围都更大、更广。在传统的新闻行业中,要想科学完成整个新闻的传递,使其更快地为大众所熟知,那么,首先需要确定新闻发生地,接着再由专业的新闻记者去采访、编辑乃至进行专业性的报道,而在各大融媒体涌现的时代,人人都可以依靠自己的手机或者其他信息传播终端将信息收集并传播出去,让更多的人迅速获取这样的新闻。因此,融媒体在新闻信息获取以及传播上都比传统媒体更快、更多元,也更具备传播优势。

在融媒体时代,大多数新闻信息的传播载体都是网络平台,这些平台的终端就是我们随时随地都可以使用的移动终端平台。这不仅可以让人们随时对新闻信息进行阅读以及评论,还能够在较短的时间内存储更多的信息,进而帮助人们更好地寻找以及运用各种自身需要的信息。相较于传统意义上的新闻信息传播,全新的融媒体时代有着独特的优势①。

第一,随着信息技术的不断革新与发展,新闻信息变得更加精准以及快捷,这不仅代表着新闻信息单位时间内量的提升,还意味着品质的提升。

第二,在传统新闻信息传播中,接受者往往是一个被动接受的过程,他们对于新闻信息的选择、查询等处在劣势地位,而在人工智能以及多元化细致分类的融媒体时代,则可以打破这样的规则,让新闻的真正受众可以自由选择信息接收以及处理。

①陈昌凤.社交时代传播语态的再变革[J].新闻与写作,2017(03):46-50.

第三,在新技术支持下的融媒体时代,每个新闻信息的接受终端改变了传统的被动接受方式,开始成为一个新闻的个体媒介以及信息的加工者,他们不仅能够主动接受讯息,还能够进行编辑,进而与其他人进行互动,这直接加强了新闻信息的深度和广度,赋予了其新闻之外的其他意义。

二、融媒体时代新闻传播创新模式探究

融媒体时代的全面来临,不但改变了我们的新闻接受方式,更是改变了我们的新闻信息处理方式,那么身处这个时代的我们应该如何更好地进行创新以及突破呢? 笔者认为应该从以下三个方面进行。

第一,对于新闻信息来源的创新,具体来讲就是在传统的新闻信息采集以及传播过程中,需要相关人员做很多的收集以及传播前的准备工作,而随着新闻信息来源的不断扩大,当代人们对于新闻的广度以及深度的要求不断加大,除了关注国家与社会的大事,人们开始留意自己身边的小事,这就造成了新闻的"量"的不断加大。因此,我们要想做好新闻,更好地为国家与社会服务,那么就势必要在信息来源上进行有效创新,从而提升信息运用效率,丰富信息内容,增强传递速度。

第二,要进行新闻报道形式的创新,也就是如何在众多的新闻中传播自己的新闻。在这里,我们可以对新闻报道的形式进行一定的创新,如采用较为引人注目的标题以及加入漫画、视频等元素,从而创新新闻报道形式,增强新闻传播效果。

第三,对于传播优良信息的创新。随着融媒体时代的到来,各种信息开始被不断推送并充斥在我们的周围,这些信息未经检验,存在着一定的问题,因此,我们作为其中的工作者,必须加强信息处理,科学有效地为广大人民群众提供更加真实、客观以及有效的新闻消息。

总而言之,作为身处融媒体时代的新闻工作人员,一定要不断创新,大胆突破,从而紧跟时代潮流,在不断革新自己以及革新理念的大背景下,提升自己的素养,增强自己的能力,进而为社会与人民提供更好的新闻信息服务。

三、融媒体时代纸媒、广播、电视新闻的优势分析和创新发展

（一）纸媒

1.融媒体时代纸媒的优势

在融媒体时代，纸媒有较强的公信力与竞争力，但是在未来的发展中，依然要结合融媒体理念，全面实现突围，才能在保持优势的基础上实现进一步发展。纸媒有着独特的发展魅力与价值。融媒体时代下，纸媒迎来了各种各样的挑战。基于融媒体时代的大环境，全面思考纸媒的突围，成为一个重要的课题。

融媒体是一种现代化传媒发展理念，其内涵为资源通融、内容共享、信息传递方式互融。在融媒体时代，新媒体朝气蓬勃地发展，传统媒体被唤醒活力，多种媒体形式相互交融，顺应时代潮流的发展。在这样的大环境下，对传统纸质媒体进行反思，能够发现其独特优势。

第一，较强的专业素养。纸媒编辑拥有较强的专业能力和职业素养，这种特性长期存在，当面对重大突发事件时，尤为突出。这里以2008年南方大雪时期的新闻报道为例，在一些重灾区，自然环境恶劣，增加了采访的难度。尽管在事发之后，大量媒体涌向灾区，展开采访工作，但是网络媒体长期依赖于移动拍摄镜头的手法和相对缺乏实地采访经验，且其对话模式相较于纸媒逐渐显示出不足。纸媒在拍摄技法与细节叙事上的专业性，是其独特的优势。

第二，强有力的公信力。其实纸质传媒在竞争日益激烈的现代社会，在人们的阅读习惯、阅读方式都在不断变化以及网络高速发展之下仍然能历久弥新、未被取代，不仅在于其自身的专业性和权威性，更在于长期发展之下形成的良好群众基础。读者习惯于纸媒的公信力与权威感，纸媒的报道一般都能传递出正确导向、具备思想高度、舆论主调、新闻真实感，这些也恰到好处地弥补了纸媒略微的滞后性等。

2.融媒体时代下纸媒的转型思考

第一，保持自身的优势。打铁还需自身硬，在充分认识到纸媒自身优势的基础上，发展突围还应当以保持优势为主。在融媒体时代下，纸媒要充分认清自身存在的优势——专业性、权威性、公信力。"内容永远是

新闻生产最重要的因素",基于此,作为一家纸质媒体,应当充分注重新闻质量。这一点,以权威性较强的《人民日报》为例,作为权威官媒,其新闻报道在新闻界始终有着较强的导向性,每年的两会报道,也成为重要的新闻输出口,在2016年的两会中,以"抓取关键词"的形式报道了政府工作报告,使得原本冗长的政府工作报告变得更为清晰,更为贴近读者需求。作为一家媒体,在报道事件时能够准确把握事情的本原,并以专业的新闻报道素养,进行有力报道,同时合理兼顾读者的阅读习惯,有利于提高新闻品质。

第二,依据读者需求的改革。融媒体时代的一大特性,正在于实现了各种媒体,电视、广播、网络、纸媒等的优势互补,最大限度地发挥优势,以满足读者需求。在这样的大趋势下,很多纸媒迈出了改革的第一步——进入网络,放弃了传统的"报纸订阅"这样唯一的发行渠道,而是将每日的报纸第一时间更新于网络,这样不仅提高了时效性,也方便读者阅读,使得每个人能够通过网络渠道获取报纸信息。还有一些只是想在报纸上查找资料的读者,也可以轻松通过网络阅读去查找、搜索等。依据读者需求的改革,还在于新模式的构建,如"两微一端"的建设,能够将报纸原有的版面空间进行拓展,并且增加了读者阅读的趣味性。

第三,创新纸媒广告模式。广告是纸媒的商业命脉。但是在融媒体时代,很多年轻人并不适应纸媒的阅读模式,而转向新兴媒体,这也导致广告在投放中更为青睐于新兴媒体,相对冷淡了纸质传媒。纸媒发展,必然要转变这样的状态,由此,可以从以下几点做出调整:增加广告的合理性与实用性,纸媒既然得以发展至今,必然有独特的读者群体和优势,因此广告并非没有读者,而是要增强其合理性、实用性及针对性。另一方面,是实现自身的转型。纸媒广告想要达到精准的市场定位,还要进行不断的转型,如增加与读者的互动,以吸引和维护读者等。尝试适当的转型模式,是适应融媒体时代下纸媒商业化发展的必然选择。

(二)广播

广播作为最早出现的电子新闻媒介重要的工具,几十年来利用独特的传播优势获得亿万听众的青睐,为新闻宣传做出了不可磨灭的贡献。

如今,随着新媒体时代的到来,各种各样的新闻媒介如雨后春笋般涌现出来,给广播带来了很大的冲击,甚至陷入难以生存的境地。但是,长远看来,在众多的新旧媒介面前,广播依然保持着自己的优势。在激烈的竞争中,广播要利用好自身的传播优势,努力创新节目,更好地为听众服务。

现如今,信息时代日新月异,新兴媒体如雨后春笋一般竞相开放。在这种多媒体激烈竞争的时代,有人认为广播几乎完全失去了作用,已经落伍了。那么,广播真的落后于时代,失去了应有的作用吗?并不是。广播电台在信息传播以及节目形式上有许多独特的优势。

1.广播的优越性

第一,广播覆盖面广。广播具有超越时空的传播功能。受众可以不受时间、场所和位置等的限制,可以随时随地收听广播。人们只要能听懂声音,便不用考虑年龄、不用考虑文化程度等。从这一点来讲,广播拥有广泛的听众。

第二,广播传播速度比较快。广播能够及时地把信息传送给受众,一方面是信息转换比较简便,把声音变成电波发出去就可以了;另一方面是受众接收信息比较容易,不管在什么地方,只要有一台收音机就可以听到电台发出的声音。

第三,广播还有低成本高回报等优势。制作广播节目不需要很多的人力物力,而报纸需要采访、写稿、编辑、排版印刷,电视需要摄像、写稿、编辑制作等许多环节,要比广播花费更多的人力、物力、精力。网络新媒体也需要拍视频、编辑文字。所以,相对于报纸、电视等媒体来说,广播花费比较少。

因此,在竞争激烈的多媒体时代,充分认识并利用好这一优势,是广播扬长避短、取得应有媒介地位的一项重要工作。在仔细研究业务的基础上努力做好节目,广播一定会有更加广阔的发展空间。下面笔者就广播如何发挥自身优势、办好节目谈谈自己的观点。

2.广播要多办一些有特点的直播栏目

广播电台直播一般采用双向交流的形式与听众互动。虽然其他各种媒体都可以采用这种方式,但是,从接受成本和传播成本以及从节目内容的广泛性上讲,广播都有很多先天优势。直播节目很大程度上依赖参与者。广播电台直播节目要想办得成功,一定要从听众的喜好出发,办出有独特魅力的节目。以阜新蒙古语广播电台《连心桥》节目为例。节目自2005年开办以来,深受阜新地区和内蒙古库伦旗、奈曼旗等地广大蒙古族群众的欢迎。这个节目每周六、周日播出,在将近一个半小时时间里,听众不断打进热线电话跟主持人交流。主持人用亲切柔和的语调跟听众互动。听众在节目中唱歌,演奏乐器,表演自己的才艺,同时为亲人朋友送去祝福。这个节目开办十多年以来,深受听众的欢迎和喜爱。当地蒙古族听众非常热爱唱蒙古族民歌,茶余饭后,他们很喜欢拉琴唱歌,表达喜悦的心情。《连心桥》节目正是捕捉到听众的喜好,迎合了听众的口味,为听众提供了一个展示自己才艺的舞台,才把节目办得越来越好,而且经久不衰。

但是,如果电视台要想办这样一期节目,需要准备专门的场地,组织合适的观众到现场,配备好主持人、摄像师、录音师等,需要详细地策划和准备。比如湖南卫视创办的《我是歌手》栏目,从节目舞台设计、编导、服装、灯光、演员、组织现场观众等需要花费很多的人力和物力。而广播节目只需要主持人和听众用热线联系互动就可以,比起电视直播非常便捷,可以节省很多经费。

3.发挥不受时空限制的优势,办好广播节目

从观众和听众的角度来说,看电视需要特定的场地和环境。用手机看图像要专注,眼睛一刻也不能离开画面,在开汽车或者做饭等比较专注的活动时,观众就不适合看视频。听广播的时候却不受这些限制。不管是在开车,或者是在厨房做饭,或者是做其他需要专注的事情,都可以听广播。早上做晨练的人可以带着收音机边做体操运动边听收音机,开车的司机经常会打开车里收音机听电台直播。所以,每个地方电台都有针对司机和搭车人员的交通广播节目,实时播报交通拥堵情况和路况;电台娱乐节目也给乘车人员枯燥乏味的路上增添了乐趣。这些都反映了广播不受时间和地域限制的特点。针对这一特点,广播还要发挥"快"的优势,做好现场直播报道,可以办一些听众喜闻乐见的栏目,比如直播

娱乐节目、音乐节目等,来吸引更多的听众。

4.广播要创办针对性强的栏目

广播行业针对听众的不断变化形式,提出广播要窄办、节目要特色鲜明。很多综合类广播电台以市场为导向,走专业化的办台道路,办台不断细化,分类成经济广播电台、交通广播电台、生活广播电台、文艺广播电台,等等。即受众的对象比较明确,根据听众的收听喜好,针对不同类型的人群创办不同的栏目。比如说,少年儿童喜欢听活泼的歌曲、新奇的故事以及科学知识,广播要针对性地创办少儿节目。例如:中央广播电视总台一档著名的少儿节目《小喇叭》,创办六十多年来,陪伴了近三代人的童年,是一档很受少年儿童欢迎的节目。而老年听众都很注重健康养生,针对这一群体,我们可以创办健康知识讲座,讲讲如何保养身体,这些节目一定会受到老年听众的欢迎。再比如,阜新人民广播电台开办了交通广播节目,对每日上下班路况、市区交通事故进行实时播报,司机在行驶中可及时根据路况改变行驶线路,避免堵车。从目前来看,年轻人听收音机的兴趣比较低。对此,可以利用手机听广播的条件,根据年轻人的喜好特点,在电台节目里办一些创业经验、交友信息、知识问答以及诗歌文艺、流行歌曲等方面的栏目,这样可以吸引他们的注意。需要特别强调的是,社会上还有一部分失去视力的盲人群体,他们是广播的忠实听众。作为传播声音的媒介,电台成为给他们提供服务的主要工具。因此,电台要根据他们的实际需求,主办一些实时信息、科学知识、创业致富等方面的栏目,给他们提供获得知识和娱乐的渠道。这也是广播义不容辞的责任。

5.广播电台要多措并举,多举办各种社会活动和比赛

广播电台根据自己的经济状况,要定期举办获奖比赛和各种社会活动。这是扩大广播影响力、提高听众收听率的很好的办法之一。电台的听众参加各种比赛活动不是为了金钱奖励,但是有限的奖品也会调动他们参与节目的积极性。例如:阜新蒙古族自治县调频广播,经常举办车友会、听众联谊活动以及青少年歌曲大赛、知识答题等。这种活动很受欢迎,能够吸引听众参加活动和互动游戏,收听率也逐步上升。

6.广播与新媒体融合发展是一种必然趋势

习近平总书记指出:"谁掌握了互联网,谁就把握住了时代主动权;谁轻视了互联网,谁就会被时代所抛弃。"在新兴媒体影响力越来越大的情况下,我们必须深刻认识全媒体时代的挑战和机遇,推动媒体融合发展,加快构建全媒体的传播格局。

(1)广播信誉良好,在受众心中权威性比极高

现如今,新兴媒体对传统媒体具有一定的依赖性,即使是商业性的新媒体,它的新闻信息来源也摆脱不了对传统媒体的依赖。长远来讲,未来的广播发展很大程度上取决于战略、结构、机制和人员的调整而不是被新媒体所取代。广播长期形成的许多资源和优势对新媒体来说是非常宝贵的。所以,在融媒体时代,媒体融合发展是广播的一条重要出路。

(2)网络媒体传播方式简单便捷

现如今,网络发展迅猛,传播方式简单,只要一部手机就能现场拍照片和视频,直接发布到网络上,方便的同时也能凸显新闻时效性。再者,网络媒体受众多,几乎人人都有手机,浏览网页非常方便。广播要坚持移动优先策略,借助移动传播,做到优势互补,牢牢占据传播制高点,更好地为人民大众服务。

(3)广播要努力朝融媒体方向发展

传统媒体和新兴媒体不是取代关系,而是优势互补融合发展的关系。广播拥有一支训练有素的采编队伍,采编能力很强,这些正规的新闻记者新闻经验丰富、技术娴熟、思想过关,一定会对净化网络新闻环境起到促进作用。广播只要和网络相融合起来,将其工作人员的采编经验、方法和手段创造性地运用到网络上,肯定会发挥更大的作用。另外,广播要把握媒体融合发展的趋势和规律,实现信息内容、技术应用、平台终端、管理手段共融共通。

(三)电视新闻

1.融媒体时代电视新闻的优势分析

(1)发展现状

第一,节目同质化。传统电视新闻时代,新闻节目有其独特的功能,

成为受众了解身边资讯的主要方式而得到广泛传播,各级电视媒体也将新闻模块作为发展核心,投入大量资源,尝试打造本土化、特色化的电视新闻品牌。业内竞争形势的加剧及相似的发展战略,使得电视新闻节目趋于同质化。受区域经济、文化基础的影响,电视媒体逐渐分层,那些经费充足、资源丰富的电视媒体更容易打造出传播效果优良的新闻节目。而其他基础条件相对较差的电视媒体,硬件设施及人力资源存在不足,只有模仿甚至照搬其他电视媒体的节目形式取得更高的收视率,导致电视新闻同质化进一步加剧。电视新闻模式陈旧、缺少创新点,久而久之,导致其观众吸引力降低。不少受众转用其他新媒体渠道获取新闻资讯,从整体上看,电视新闻经历了节目收视率严重下滑的阶段。

第二,竞争白热化。新媒体工具的产生带来更加便捷、高效的生活方式,受众利用微博、抖音等APP,可利用碎片化的时间获取新闻资讯,并参与到评论互动中。新媒体的部分功能和优势是传统电视媒体所不具备的,除应对来自其他电视节目、电视媒体的业内竞争外,电视新闻还深受新媒体的影响,新闻市场竞争逐渐白热化。当前,不少地方电视媒体的新闻节目正面临严峻挑战,市场份额被不断挤压,行业遭遇发展瓶颈。电视台纷纷着手开展新闻节目创新、人员培训、媒体融合等工作,以打造出既符合受众需求,又具备行业特点、区域特色的电视新闻类节目,帮助电视新闻早日突破发展瓶颈。

（2）优势分析

第一,权威性凸显。媒体融合为受众提供了多样化的信息选择渠道,然而,信息的爆发式增长却给信息筛选、辨别带来更大困难,想要从大量网络信息中筛选有用、有效、真实的部分往往需要花费较长的时间。电视新闻制作、传播有其规范化的流程和要求,在新闻信息质量、完整性和可靠性上更具说服力。另外,电视媒体长期以来处于主流媒体的地位,其社会公信力和权威性很难在短时间内被新媒体超越。当涉及到一些重大新闻事件时,受众更希望听到权威电视媒体的发声,以获得更加完善、可靠的新闻资讯。另外,近年来,传统电视新闻改革创新工作有序开展,培养了大量专业新闻人才,在新闻产品生产能力、技术资源等方面更具优势,其权威性优势在融媒体时代得到进一步巩固。

第二,时效性增强。时效性是新闻的基本属性,在传统电视媒体情景中,受到新闻获取方式、播报方式等因素的限制,大部分电视新闻均具有一定的时滞性。近年来,电视媒体为适应融媒体环境下电视新闻的发展要求,适应由新媒体培养起的受众信息获取信息习惯,在媒体跨界、媒体融合方面做出诸多努力。电视新闻不再局限于电视媒体,而是朝媒体融合的多元化方向发展,在新闻传播途径、新闻呈现形式上更为丰富。例如,电视新闻借助各类新媒体平台,实现新闻节目、资讯在电视、智能手机、电脑等端口的同步传播。这种新闻传播方式使电视新闻的覆盖面进一步扩大,能够满足不同层级受众获取新闻资讯的偏好,以往电视新闻时效性、互动性不足的情况得到显著改善。基于电视新闻权威性、客观性等优势,目前开通在各类新媒体平台中的电视新闻公众号也成为受众获取新闻信息的重要途径,并有着较好的粉丝基础。

第三,关注度提高。电视在国内家庭的普及率非常高,电视新闻面对普通群众,在新闻切入角度、内容呈现方式、分析评价方法等方面均更加贴近大众的信息获取习惯。观看电视新闻,往往能以最短的时间,直接了解新闻事件的具体内容和发展动向,深入浅出,易被普通受众接收。信息技术、网络技术在电视新闻节目中的应用,使得新闻信息的呈现方式更加多元化,能够满足多类受众的信息获取需求,这种多元化的信息呈现方式更能够带给受众冲击力和体验感,自然也能够吸引受众关注。电视媒体承担引导舆论动向、传播正能量等社会责任,其在制作、播报新闻讯息时,尤其关注新闻质量及细节的把控,有关的新闻评论多从客观角度出发,不带有偏激、煽动的意味。因此,在观看电视新闻时,受众的思维自由度更高,在尊重事实的基础上提出个人看法,避免思想、认识受到外部因素的干扰。这也是融媒体环境中受众更易接受、选择电视新闻的主要原因之一。

2.融媒体时代电视新闻的创新途径

(1)创新新闻节目内容

内容创新是电视新闻创新的根本,建立在优质新闻内容的基础上,其他形式创新、互动创新等措施才能有效发挥辅助电视新闻产品优化、播出效果提升等作用。

第一，讲述百姓故事。在新闻市场调查中发现，那些以社会热点问题、民生问题以及突发事件为内容核心的新闻节目往往能得到更高的受众关注度，对受众吸引力较高，使得基于百姓视角、讲读百姓故事、解决百姓问题成为电视新闻内容创新的首要原则。新媒体为受众获取零散、有趣、娱乐性等新闻资讯提供了良好条件，在此背景下，电视新闻可发挥自身权威性高、连续性强等优势，着重开发那些贴近百姓真实生活的新闻资源，并适当引入一些内容健康、有趣的新媒体新闻内容，使得电视新闻既具有极高的专业性和严谨性，又充满活力和趣味。

以央视新闻节目《新闻1+1》为例，该节目定位于时事新闻评论直播，每期节目的内容主题均从时事政策、热点话题、社会突发事件中选取，节目内容新、快、热的特点十分突出，配合现场专家连线及新闻点评，将最真实、全面的新闻故事展示给观众。节目选题精准、角度独特，得到受众的广泛好评。2020年，《新闻1+1》利用微博等新媒体平台，在节目播出前给出本期主题及连线专家，受众可以评论方式提出自身关注的问题，经统计筛选后，在节目中做出解答。《新闻1+1》在电视新闻内容创新及互动创新上效果显著，其经验值得借鉴参考。

第二，新闻深度剖析。当前，人们在关注新闻事件的发展过程、处理结果等信息的同时，更加关注新闻背后反映的普遍性问题及新闻故事。在进行新闻内容创新时，除从百姓角度出发，选取与百姓生活息息相关的内容主题并选取独特的新闻视角外，还应加大新闻内容的深度和广度。以新闻事件为中心，发展完善的信息网络，满足受众对新闻深度、信息点多样性的需求，同时进一步强化新闻内容的意义。例如，推出模块化的新闻节目，以当代社会热点问题及突发事件为主线，集中性分析此类事件反映出的社会问题、背景故事、涉及到的法律知识等，并以模块化新闻内容的方式进行呈现，丰富电视新闻产品线，同时也有利于新闻内容深度的增加。

（2）丰富新闻节目形式

第一，调整新闻语态。新闻节目呈现形式与其内容创新应相互配合，前文提到,融媒体环境下电视新闻内容的创新要立足于百姓视角,讲述百姓故事。相应的在新闻播报形式上也要更加贴近百姓,调整新闻语态,增加新闻表现形式的故事性,成为节目形式创新最简单的方法。

例如,逐渐将以往灌输式的新闻讲读方式转变为渗透式、引导式和感召式,使新闻内容的呈现尽量贴近其真实状态,并通过主持人、记者的语态变化,引导受众以客观、正确的思维方式看待和评价新闻事件,强化电视新闻舆论引导过程中受众的主观能动性。新闻语言的运用在确保内容真实、准确的前提下,可添加平民化的特点,以受众易于理解接受的方式进行新闻事件的故事化讲读,深入浅出,增加电视新闻节目的代入感,改善新闻传播效果,并发挥电视新闻价值观念引导、积极思想传递等深层次作用。

第二,栏目融合形式。新闻栏目的划分标准主要为新闻的内容、形式,如消息类、点评类、直播类等。融媒体时代,新闻栏目的存在形态也要表现出融合特征,即将多种栏目相融合,使受众在一档新闻栏目中同时获取实时新闻资讯及专家点评意见。栏目融合形式已经在部分电视媒体新闻节目创新中得到应用并取得了良好的传播效果。如《锐观察》,该节目融合现场报道、专家点评、观众参与等多种新闻节目新形态,整个节目过程内容饱满、形式多变,以其独特的呈现形态避免了新闻产品同质化,吸引了大量受众关注。

第三,融入新兴元素。融媒体环境给电视新闻内容创新带来新的思路和理念,当代受众审美观念得到极大地提升,其新闻需求也更加多元化。想要保持电视新闻对受众的吸引力,就要勇于打破传统电视新闻节目在内容要素、展现形式上的框架限制,融入新媒体信息资源及新兴事物,使得电视新闻更加丰富、多变。例如,为强化新闻内容的直观性,可在以往语言、图像、视频播报的基础上添加统计图表、数据、三维动画等内容,或引入虚拟现实技术、3D动画技术等。利用3D动画,重现新闻事件的发生、发展过程,丰富新闻内容内涵,优化受众新闻观看体验,以培养更多重视受众。

(3)搭建新闻互动平台

新媒体形式之所以受到当代受众的广泛欢迎,其高互动性是主要原因之一。在新媒体环境中,受众不再是新闻信息的被动接收者,可参与到新闻评价、话题讨论当中,发表个人见解并开展社交活动,同时也能够作为新闻的挖掘者和传播者,在新媒体平台分享新奇事物。在媒体融合过程中,电视新闻也要借鉴新媒体优势,关注新闻互动对受众独有的吸引力,积极搭建电视新闻互动平台,进一步扩大电视新闻的影响力。

新媒体的高度发展为电视媒体新闻互动平台的搭建提供了良好条件,例如在微信、微博、抖音等主流平台,开通电视新闻官方账号,同步发布新闻资讯、宣传新闻节目、组织粉丝互动活动,并将平台作为接收受众意见反馈、了解新闻需求的有效途径。2020年,湖南卫视的"弹幕观众席"引发大量社会关注及受众好评,这一创新互动方式也为电视新闻互动提供了新的思路。例如,在电视新闻节目播出的过程中,在直播间内设置网络互动信息显示设备,受众在观看电视新闻的同时,可在相应的官方平台发布个人意见或进行提问,经筛选和整理后,同步滚动至直播间。此外,虚拟现实技术的应用能够带来一种更具趣味性和吸引力的新闻互动方式。在适当时间引入"在线观众",可自由发表意见或进行提问。目前,该互动方式还比较新颖,若能被顺利应用到电视新闻节目中,将带来意想不到的效果反馈。但需要注意,在创新互动方式的过程中,必须始终坚持电视新闻严谨、客观、真实的原则,保证新闻节目的专业性,并区别于文艺、娱乐类节目。

(4)关注新闻市场培育

第一,数据挖掘。大数据技术在用户需求分析、产品市场挖掘方面的应用提高了电视新闻与受众、市场间信息透明度。从用户新闻需求的角度出发,在正确引导、监管社会舆论的前提下,主动"迎合"受众对新闻产品内容、表现形式、获取渠道的喜好,以输出"适销对路"的新闻产品,能够帮助电视新闻行业抢占更大份额的新闻媒体市场,培养忠实粉丝,进而提高电视新闻节目的播出效果。例如,在大数据技术的辅助下,高效完成新闻信息的采集、统计和筛选,找出实时热点话题,并了解来自其他渠道的新闻呈现情况,以便找出更加新颖的新闻切入点,在提高新闻节目制作效率的同时,提供具有差异化的新闻产品。电视新闻在融媒体环境下的突出优势在于其专业性和权威性,基于大数据分析而产生的热点新闻、社会性话题在真实性上更有保证,提高新闻观点的可信度和时效性,这也是当代受众希望从电视新闻节目中获取的。在用户需求分析方面,基于海量新闻,浏览数据,可帮助电视新闻媒体进行用户群细分,分析各个用户群体的个人特征、新闻偏好、潜在新闻需求等,以便针对性地提供新闻产品。同时,及时从用户群获取新闻节目效果反馈,以便对之后的节目进行合理调整。

第二,节目营销。融媒体时代带来白热化的新闻产品市场竞争,除把握用户需求、分析市场发展趋势外,主动开展新闻产品营销工作对于电视新闻创新转型来说也非常关键。基于用户群体分类,多渠道、多方式开展新闻产品营销工作。新创办新闻节目上线之前,可在微博、微信等新媒体平台开展节目互动宣传,以图文结合的方式或节选具体节目内容进行分享,并采集用户反馈信息。例如,在微博平台开展新闻节目"倒计时"活动,用户在相应界面连续签到既定时间,并在节目上线时观看、参与节目评论,即有机会获得相应的奖励。如可在电视媒体官方平台或电视新闻节目结尾处发表个人对新闻节目或某一具体事件的看法。总之,新闻节目营销就是要求将新闻节目当作市场化的产品,进行合理的包装和宣传,提高节目吸引力,并对节目播出"造势",达到提高收视率、扩大新闻播出效果的目的。

第四章 融媒体时代新闻传播语态的演进

随着融媒体时代的到来,新闻报道的基本模式已悄然发生变化,信源的大众化、新闻资源的共享、对用户的重新认知等,进一步改变了新闻传播的"语态"。"语态"最初来自语言学的一个概念,是描述句子中动词与参与此动作的主语之间关系的一个术语。后来人们将"语态"引用到不同领域,赋予"语态"多种概念与内涵。但在新闻传播学中,"语态"一直没有一个明确的基本概念,新闻传播学对"语态"概念的引用基本来自新闻从业者自身的主动研究,"语态"在业界也就成了只可意会不可言传的一个词汇。直至2003年,时任央视新闻中心主任的孙玉胜出版的《十年——从改变电视的语态开始》一书中首次提到了电视新闻"语态"这一概念,"要降低电视媒体讲话的口气,尝试一种新的语态,也就是新的叙述方式。对于电视而言,新的叙述方式不仅仅是指电视节目解说词的写作文风,更重要的是如何用特有的语言吸引观众,而这些改变首先要从转变语态开始。"结合融媒体时代新闻传播的特征,综合以上论述,可以认为"语态"是由叙述的内容和叙述的态度以及传播语言、语境、语气等诸多元素共同组建而成的。即新闻中的每一句话、每段话、每个画面、每段声音、每张图片等所包含的内容,诸如此类所建构出来的整体结构就是融合新闻的"语态"。

从 Web 1.0 时代到如今 Web 3.0 时代,每位网民都能成为记者,并将身边发生的故事发布到网络上并形成传播。特别是微博等网络社交媒体的出现,网民能在突发事件的"第一时间""第一现场"发布新闻,成为媒体的"导航者"和"议程设置"者。他们支离破碎又富有价值的故事通过专业新闻工作者的筛选和整合,使报道变得饶有趣味。时代发展牵引着新闻传播"语态"的变化。其动因源自三个方面:受众话语地位的提升影响着"语态"的变化,新闻价值判断的变化牵引着"语态"的变迁,新技术的勃兴带动着"语态"的发展。

第一节 受众话语地位的提升牵引语态的变化

随着新闻媒体的网络化、数字化和全媒体化转型，不同媒体之间、媒体记者和受众之间的界限被进一步打破，受众话语地位的提升，新闻传播的"语态"也在发生着相应的变化，这不仅表现在传递的内容方面，还体现在传递的方式上。这种表达方式有别于传统的新闻传播，更显现出平民化、个性化、网络化的特征。今后的新闻传播将朝着构建全新的、多种表达形式为一体的内容平台转变，逐步优化新闻叙事手法，适应公民话语地位上升的趋势。

一、受众与受众话语权

（一）受众及其话语权的界定

1978年起，传播学逐渐在中国得到发展，有关"受众"的课题研究也陆续在国内学者中开展。1982年，关于地区读者听众观众的调查被后来的学者称作我国受众研究的起点。如今，"观众""公众""大众受众"这些词汇我们都已经耳熟能详，却很难准确地理解他们的含义。

此后，喻国明、刘燕南、徐桂权、沈浩等学者对"后受众"这一概念作了进一步的解释。从新闻的角度出发，所谓的话语指的是通过相应的语言系统叙述，对新近发生的新闻进行重新构造而形成的文字、影像或语言作品。新闻话语基于新闻文本展现出了新闻从业者对新闻的表达和重构，并且折射出了受众阅读完文本以后，对新闻的认知。所谓的话语权则是指公众对某个问题或现象的自由主张，以及做出这种自由主张的资格、身份和影响力。自由主张的内容包括"说什么内容""如何说"以及"获得什么成效"等。在如今这个"话语平权"的时代背景之下，话语权已成为一种广泛的大众权力。互联网科技及新通信工具介入传播技术之后，虚拟世界正逐步向兼具互动性和平等性的模式发展。依托技术时代的特点，受众话语地位逐步发生着改变，信息的传播方式从传统的单向转变成双向或多向，人们可以打破时间、空间的限制进行沟通。传统媒体通过少数主持人、播音员与多数受众进行对话的模式,已经无法满足当前多元开放的网络社会的要求。随着科学技术的升级,几乎所有人都可以借助网络成为"主持人"或"播音员"。技术升级使受众获得了一定的话语权,也让双向或多向的传播形式得以实现。在融媒体时代背景下,话语权基于虚拟、开放、多元的技术空间支持,在论坛、贴吧、微博等领域,让大众话语的主体思想得到了多样化的表达途径,也激发了媒体话语方式的变革①。

(二)受众话语地位的演变

中国互联网络信息中心(CNNIC)在 2020 年 9 月 29 日在北京发布第46 次《中国互联网络发展状况统计报告》(以下简称《报告》)。《报告》显示,截至 2020 年 6 月,中国网民规模达 9.4 亿,相当于全球网民的 1/5;互联网普及率达 67%,约高于全球平均水平 5 个百分点;网民中使用手机上网的比例为 99.2%。并且随着移动互联网的发展,社会应用也进入新阶段,借助 LBS、兴趣、通讯录等功能,以解决用户沟通、分享、服务、娱乐等为立足点,满足用户不同场景下的需求。互联网和移动互联网的发展,社交媒体的进一步普及,为民众提供了更为便捷的发声平台,特别是将此前压抑的话语权彻底释放,造就了人人都是话筒的掌握者,甚至呈现出"话语平权"的趋势。"话语权指的是人们对某一现象或问题的自由主张以及主张的身份、资格和影响力,主要包括'说什么''怎么说'和'取得什么效果'等。"信息时代开启了话语平权时代,话语权不再是少数人垄断的权力,由于新兴传媒、互联网和通讯工具等现代传播技术的参与,一个兼具平等性与互动性的虚拟世界正在形成,新媒体是所有人对所有人的传播,由一点对多点变为多点对多点,大大拓展了大众的话语空间、话语方式和话语能力,一种更活跃、更自主、更富参与性的大众文化模式正在中国形成。

从技术空间向度来看,受众话语地位的变化是依托技术时代的优势,使得话语交际和信息传播突破了传统媒体形式的单向性,它颠覆了知识

---

①蔡峻岭.传统媒体与新兴媒体新闻传播互动问题研究[J].北京印刷学院学报,2020,28(05):6-9.

传播和更新方式,实现了双向甚至全向直接进行跨时空、跨国界的交流。它的话语所依赖生产、流通和消费的话语语境,是由计算机控制的信息输入和输出进行交往互动形成的、用虚拟现实途径创设出的一种三维视听传播媒介环境。由于网络技术平台能够突破话语交际的空间束缚,能够冲破等级观念的限制,所以在多元开放的网络社会中,话语交际的各方不再是传统媒体方式中所展现的少数播音员、演员和无数观众和听众的话语格局。现代网络技术把所有的观众和听众都能变成"播音员""演员"。这种技术优势汇聚、重构并营造出大众化的话语生产、话语消费的现代网络世界的话语实践体系,这种理论和技术上的革命为受众提供了话语权,双向和多向交流成为现实。

从民主权利向度看,话语权即言说与表达应该享有的自由度。媒体融合时代,话语权在虚拟、开放、多元的技术空间支持下,通过论坛、跟帖、博客、微博甚至是恶搞等方式使得话语主体的思想能够及时得到表达。心中郁闷得以及时排解、心中不满得以及时宣泄,以往许多忌讳的领域或者敏感话题也有了可以自由论断的场域。网络话语权的出现为芸芸众生提供了一个前所未有的参与社会、文化、经济、政治等各种场域的辽阔空间,人们在享受等级观念和阶层秩序扬弃后的平等自由。网络社会话语表达的自由和兼容空间,正是社会转型期新型民主的体现形式。话语主体既是话语的生产者、消费者,同时又是网络历史的参与者。受众话语地位的上升,有效地牵引着媒体话语方式的转变。

二、受众话语地位的提升影响"语态"的演进

(一)接近用户的需求点

随着"话语平权"时代的到来,新闻传播的"语态"也相应发生着变化,以适应更为民主化、互动化的传播环境。"语态"的转变不仅仅体现在内容上,也体现在表达方式上。在话语平权时代,受众更加关注自己真正的"需求点",因此,"尊重受众,关注受众,重视受众和满足受众,正是媒介博弈中争夺受众资源的必要途径"。

"使用与满足"理论启示我们,受众会根据自己的"需求"去选择和接触媒介从而满足自身的需求。观众在面对如琳琅满目的商品一样的新

闻时,也会有所选择和排除,而选择的标准就是他们自己真正的"需求"和"口味"。从市场营销学的角度看,产品的包装的确很重要,有利于吸引顾客的眼球,但形式终究是为内容服务的。"语态"是形式与内容的结合体,面对受众,传递的信息内容绝不仅是一种语态,它不仅仅涵盖了语气、表情、姿态等,还传递了理念、思想、态度等所指层面的信息。要想更好地增强用户黏性,就需要为用户提供最有价值的信息,及时突出亮点。

首先,要将最有新闻价值的事实材料放在最吸引人的位置,一开始就要吸引用户关注,要权衡比较所搜集到的事实材料,什么样的信息才能吸引受众的关注?要将最后的事实、最新的事实变动、最有悬念的材料等内容放在最前面。其次,表达方式中突出亮点通常以文字为先导,概括出核心事实,将最重要的、最有价值的信息拟制成新闻标题,放置在融合新闻报道或新闻专题的顶端。让用户了解新闻的核心内容,吸引用户的注意力能够激发用户对信息的需求。最后,表达中要给予用户最大程度的事实变动状况,迅速向用户传递最新情况。对于新闻报道来说,最新的信息往往是最有价值的,尤其是对于一些处于连续报道状态下的融合新闻。用户在了解了发生的重大事实后,最为关注的是事实的最新状况。因此可以设置专门的滚动模块将最新的信息呈现出来。

(二)接近用户兴趣点

受众话语地位提升,对于新闻传播的整体风格要求更高。当下,网络文化和网络用语也开始悄悄渗入新闻传播中。

相比于传统的新闻语言,网络新闻语言具有短小精悍、生动活泼、轻松诙谐、风格鲜明等优势。网络语言对电视的"渗透",是网络语言对新闻传播"语态"的丰富和发展,是表达方式主动适应受众兴趣的重要体现。在新媒体格局下,受众化与网络化是密不可分的结合体。媒体紧跟网络文化,积极运用网络热词。

(三)注重用户体验

新媒体格局下传受一体化的特征决定了媒体只有放低姿态,注重用户良好的体验,才是迎接媒体融合时代到来的明智之举,也是媒体在数字时代转型的出路。这需要媒体鼓励用户参与到新闻传播中来,扩大用户活动的自主权。

对于表达方式而言,很重要的一点就是要以主体新闻报道为核心,恰当添加新闻增值内容、新闻延伸内容、制作信息以及推广和互动内容。主体新闻报道是指占据核心位置或地位、以某种具体媒介元素呈现的新闻报道。新闻增值内容是指围绕主体新闻报道而添加的以其他媒介元素呈现的新闻信息,如在主体新闻报道中为文字报道增加图片、音频、视频等新闻报道素材。互动内容包括直接互动设置和间接互动设置,直接互动设置主要是指满足用户对新闻报道直接发表意见的评论区(留言板或论坛)、投票区或在线调查,间接互动设置主要是指一键分享、打印、复制按钮。

三、受众话语权的提升促进"语态"的转变

《融合新闻传播实务》一书中对"语态"的含义进行了阐释,"是描述句子中动词与参与此动作的主语之间关系的一个术语"。而新闻语态则是指新闻报道采用的话语方式,也就是新闻宣传报道的形式和语气,它对传播的效率和语言形态具有重要影响。

第一,增强用户黏性,提供最有价值的信息。在传统营销中,黏性等于用户的忠诚度。用户的黏性越强,对产品的忠诚度就越高。在融媒体时代背景下,对新闻客户端而言,用户黏性是用户是否会持续访问、使用该APP(应用程序)的重要指标之一。大量实验研究表明,网站或新闻客户端的传播内容与用户黏性相关。因此,为了更好地满足互动化、碎片化的环境需求,新闻传播在"语态"方面也要做出对应的改变,向用户输出更具价值的传播内容,并且突出信息亮点,从而获得更强的用户黏性。首先,应突出含金量较高的新闻报道,达到吸引用户关注的目的。其次,要注重表达方式的创新,采用精准又简洁的文字概括新闻的重点信息,并将精炼的新闻标题放在用户最先注意到的位置。截至2019年6月,新闻咨询用户在中国全体网民中占比80.3%,日益精准的推送算法和丰富的新闻资讯内容进一步提高了用户的阅读时长。扩大内容分发容量、提升内容触达效率,都能增强用户黏性,获取更高的用户关注度。以央视新闻APP(应用程序)为例,其首页共有四个版块,将"要闻"版块设置在页

面的最前端,并采用能够具体显示时间的竖版时间链,每一则新闻都以一两句简短的话对新闻进行高度概括。用户能够迅速掌握新闻的核心内容,并且只要点击标题文字,就可以立刻阅读完整的新闻内容。由于操作简便,该APP收获了大批长期用户。

第二,运用网络语言,推动传统新闻转型。随着受众话语权的提高,受众对新闻传播的整体风格也提出了更高的要求。网络语言现已成为网络内外"大众"共用、共有、共享的语言产品。将网络语言融入新闻报道,可以完善新闻输送的"语态",满足受众的需求,使新闻更加简短精简、风趣幽默。在媒体融合背景下,新闻媒体应适当关注网络文化,充分运用网络热词,加快传统新闻媒体的转型升级。

以《新闻联播》为例,《新闻联播》在适应传媒变革新趋势、找准新闻传播新语态方面进行了一系列探索。2017年,在《厉害了,我的国》特别节目中,运用网络正热的"厉害了,……"的句式,实现了和青年一代的相互交流。发挥了主流媒体的引领作用及宣导作用,实现了新二轮新闻节目的语态转变。2019年7月,还开播了《主播说联播》节目,主播的"金句"经常登上微博热搜榜。各位主播对网络流行语的使用得心应手,康辉提醒国泰航空公司的"No zuo no die(不作死就不会死)"等给受众留下了深刻的印象。将当下受众熟悉的网络语言运用到新闻报道中,可以满足年轻受众对主流媒体的期待。

第三,多媒介元素融合,鼓励用户参与其中。注重用户良好的体验是实现媒体融合的关键,媒体鼓励用户参与新闻传播,延伸用户活动的相关自主权利,把核心新闻报道当成重点,扩大用户及时交流的范围及加强用户之间交流的功能。在主流新闻报道中添设音频、照片、视频等传播内容,推出用户可以随时随地发布评论的平台,设置各种可以分享、打印、复制的功能,间接加强了用户之间的交流互动。例如,新华社客户端3.0版新增现场频道,"现场新闻"将预告、直播中、直播结束三种状态融为一体。这一多元化的新闻播报形式能让用户更形象地了解新闻实况。把文字、照片、视频、现场传送流、H5(第五代超文本标记语言)等许多碎片类型的相关报道混合安排,可以让界面更加简单明快。在具体界面中,记者形象与新闻现场通过地图的形式展现出来,用户能直接向记者提问,与记者交流,优化了新闻阅读的体验感。

四、受众话语地位的提升为"语态"提供创新空间

受众话语地位的变化牵引着"语态"的变迁,也带给话语表达方式更多的创新空间。马克思的社会需求理论启示我们:"需求"的存在使得新闻传播将一直延续其功能。无论社会结构、媒介环境发生怎样的变化,人们永远需要了解这个世界,甚至需要通过认知去改造世界。受众的"需求"是经过"使用"得到"满足"的,受众对媒介内容有选择性接触、选择性理解和选择性记忆的倾向。

根据心理学原理,受众更倾向于选择那些与自己的思想态度、价值观念相一致的信息而不愿选择与自己不符合的信息。从受众的角度出发,考察"语态"的创新和发展,首先,要让媒体认识到,要进一步以受众为中心,更加放低姿态,抛弃那种高高在上的"语态",与受众共舞。其次,"语态"是"能指"与"所指"的统一。欧洲符号学之父索绪尔认为符号是"能指"和"所指"的统一体。能指和所指之间的结构关系构成了语言符号。在新媒体环境下,媒介语言不仅传递了信息,还传播了传播者的思想、情感等。不管新闻媒体传播了什么,其"语态"这种"能指"都传播了"内容",即"所指"。从能指层面,在语态表现形式上,电视人应该主动放低姿态,回归"平民语态"。从所指层面,从受众角度出发,加强受众需求研究,从而找到更有效的传播方式和渠道。

值得重视的是,在融媒体时代,创新才能创造生命力。但新闻媒体务必以真实、准确、严肃为前提进行创新,要从受众的角度出发,考察"语态"的创新和发展。第一,媒体要认识到应进一步以受众为中心,放低姿态,降低"语态"。第二,在新媒体环境中,媒介语言不仅传递了信息,还传递了传者的思想、情感等。在"语态"转化领域,主持人在节目中具有重要作用,是亲民路线"语态"的主要承载体。要选择具有生活化和平民化特点的主持人,迎合受众的观看习惯,播放生活气息浓厚、交流互动性强的电视节目。其中,真人秀节目就因"接地气"受到了普通受众的喜爱,从2003年的《快乐女生》到2012年的《爸爸去哪儿》,再到如今的《向

往的生活》等,都充分体现出这一特点。

话语权在融媒体时代背景下呈现下放趋势,媒体记者与受众之间的传统界限被进一步打破,新闻传播的"语态"也同样随着受众话语地位的提升而改变。与传统新闻的表达方式相比,新的表达方式显得更加亲民和网络化。可以预测,未来随着受众话语地位进一步上升,媒体的"语态"需要越来越贴近受众,贴近实际,贴近生活,主动建构一种平视的"语态",并基于"受众至上"的理念去传播信息。

第二节 新闻价值判断的调整牵引语态的演进

融媒时代,我们应该重新认识新闻价值属性的内涵变化,做好融合新闻报道,满足用户的新需求,实现新闻价值最大化。

媒体融合时代给受众带来了日益便捷的条件,受众发声渠道日益多元,过去不为人知、微不足道的事件经过网络的放大,很可能转变为媒介广泛关注的热点,成为焦点事件,受众已经从信息接收者转变为接收者和发布者。"人人都有麦克风,人人都是新闻记者"的局面已经形成,受众话语地位的提升对媒体新闻价值的评价产生了变化,进而改变了新闻传播"语态"。

新闻价值主要是指新闻客体对新闻主体的作用,即事实信息的属性在新闻传播学意义上对收受主体(读者、观众、听众、用户)的作用。然而"万维网并非是在旧的生态系统里引入新的竞争者,而是创造了一个新的生态系统"。在日益新颖的系统中,价值判断的变化牵引着"语态"的变迁,具体来说,新闻的时新性、接近性、显著性、重要性、趣味性等特征的变化牵引着"语态"的变迁。

一、时新性极致化发展对"语态"的影响

时新性极致化发展,呼唤报道新思维。时新性指的是时间上的新近性,事实发生和公开报道之间的时间差越短,新闻的时新性就越强,新闻

价值就越大。时新性所处的层次要比其他所有的新闻价值属性更高,它是新闻之所以成为新闻的前提,一个事实只有具备了时新性才能成为新闻。

融媒时代时新性得到了极致化发展,时新性的内涵正向着实时性、即时性方向转变。互联网传播将新闻播报周期大大缩短,实时性传播、即时性传播具备了实现的技术保障。同时,在网络传播环境下媒体越先发布新闻,新闻的时新性越强,就越有可能在新闻搜索方面占据有利位置。从搜索引擎优化角度看,融合新闻采制对时新性的要求显然远远高于传统新闻。

媒体融合时代对时新性的要求更高,表达速度要求更快,所遴选的内容要求更新,"播报语态"要求更贴近社会动态。对于新闻采制而言,已经不仅仅需要依靠一个记者或一个记者团队,还需要广泛的受众参与其中,社交化媒体已经在提供最新消息方面扮演着越来越重要的角色。甚至可以说在抢新闻方面,一个职业记者可能比不过一个普通的网民,许许多多的新闻并不是由新闻记者最先发表的,而是由遍布在社会各个角落的网民抢先公布的。新闻每时每刻都在发生,具有很大的不确定性,不管是传统媒体记者还是新媒体记者都很难保证第一时间出现在新闻现场。融媒时代要求新闻工作者具有融合思维,注重交融与合作,积极借助社会化媒体的力量来共同完成新闻报道。

融合新闻报道的时新性要求对于背包记者和超级团队具有不同的业务启示。背包记者独立完成文字、图片、音频、视频等元素的所有采集编制工作,需练就一身硬功,熟练掌握报纸、广播、电视等不同媒体记者编辑的工作技能,将不同的媒介采制技能集于一身,唯有如此,才能保证报道的迅速高效,才能成就融合新闻的时新性价值。而对于超级团队来讲,通力协作、取长补短,不内耗、不掣肘,方能提高记者团队的工作效率,也只有如此才能真正保证融合新闻报道时新性价值的实现。

需要注意的是,许多新闻并不是由新闻记者最先发表的,而是由遍布在社会各个角落的网民抢先公布的,这多多少少让职业新闻记者感到尴尬。但新闻随时随地都在发生,具有很大的不确定性,不管是传统媒体记者还是网络媒体记者都很难保证第一时间出现在新闻现场。

融媒时代要求新闻传播工作者具有融合思维,注重交融与合作,重视社会化媒体的作用,积极借助社会化媒体的力量来共同完成新闻报道。借助社会化媒体的力量就是借助社会化媒体背后所有用户的力量,就是重视和依靠公民记者共同完成新闻传播工作——融媒时代用户已经成为共同的新闻传播者,而不再仅仅是被动的受众——唯其如此,才能确保时新性价值的最大化,才能提供更有竞争力的新闻信息。

二、重要性内涵拓展对"语态"的影响

说某个新闻事实重要,通常是因为其对相当数量受众的切身利益造成了影响,在传统媒体时代这种影响更多来自国家政策层面的变动,这使得重要性带有某种宏观色彩。而在移动互联网时代,对重要性内涵的理解变得宽泛起来。重要性的变迁直接促使了"语态"的变化,互联网增强了个人事务的重要性,凸显个体价值。社交媒体的用户每时每刻都在生产大量的信息内容,一些个人事务在利益冲突特征极度明显时就有可能引发网络围观,个人事务就有可能变成公共事件或群体事件。本来只限于当事人利益冲突的个人事务就会释放更大的意义,变成了影响更大范围内公众利益之争的事实象征,其重要性变得愈发明显[①]。

第一,过去认为不重要的现在却具有了重要价值。传统媒体时代,囿于版面、时段的限制,新闻报道更加注重对新闻事实本身的报道,而对历史资料、背景信息、旧闻的关注要明显少得多。互联网具有海量存储空间,对新闻报道所需空间的限制几乎可以被忽略,过去认为不重要的资料、旧闻,现在却被看成重要的报道材料,给予充分的价值挖掘。

第二,互联网传播增强了个人事物的重要性。传统媒体时代很多个人事物通常并不怎么被看重,但在新媒体传播环境下此类个人事物却变得重要起来。微博、博客、论坛等非专业媒体组织的用户每时每刻都在生产大量的信息内容,当一些个人事物在利益冲突特征极度明显时就有可能引发网络围观,个人事物就有可能变成公共事件或群体事件。本来

---

①王卫峰.打造融媒体爆款新闻 提升主流媒体传播力[J].记者摇篮,2020(07):104-105.

只是限于当事人利益冲突的个人事物就会释放更大的意义,变成影响更大范围内公众利益之争的事实象征,其重要性就变得明显起来。

第三,重要性在互联网传播条件下会出现细分倾向。"在互联网环境下,新闻受众是个人化的或至少是分群的,因此他们对于重要性的把握是不一致的。"对重要性的把握不能泛泛而谈,融媒时代的重要性更强调对用户微观层面需求的关注。

传统新闻学对重要性的判断是基于普遍意义上的综合考量,它无法照顾到不同受众的不同情况,无法顾及每一位读者的具体感受。而事实上重要性既有公众整体层面的考量需要,也有个体层面差异的关照需要。对用户来讲,需要的才重要。数字媒体技术可以做到对重要性的精确判断,通过对用户媒介接触行为的考察和计算,为不同的用户推送关联度更高的新闻。

其实,重要性的内涵还有复杂的一面,其地位相对独特。新闻价值属性虽然都有各自独立的内涵,但是这些价值属性并不是互相隔离的,而是有所关联的。重要性并不像时新性、趣味性等新闻属性那样单一,它还可以看成是对其他多种价值属性的包含。其中,重要性与接近性、显著性的联系更加密切,事实重要通常也是因为事实接近用户,具备显著性的特征。事实与更多人在利益上具有接近性,具有对特定受众的显著意义,这样的事实才变得重要起来。

三、接近性超越传统理解对"语态"的影响

媒体融合时代,接近性的内涵与用户直接相连,直接促成了"语态"要全面贴近用户,它要求能够最大程度满足受众个性化的信息需求,突破地域的限制,触碰用户内心的世界,这种表达方式最大的好处就是能入脑入心。

我们对这类接近性的理解可以分为两个层次。第一,远距离未必不接近。对远离家乡的人来讲,遥远的地方发生的事情也具有接近性,网络媒体可很好地满足远距离用户的接近性需求。从这个意义上讲,接近性的内涵发生了改变,仅从地理区域上看,也不能固守距离的远近,所谓"远距离未必不接近",互联网传播环境下真正实现了"天涯若比邻",当

然也有可能是"比邻若天涯",接近性远远超越了地理距离远近的限定。传统媒体无法顾及这种接近性的实现,融合媒体则必须注重这种接近性。融媒时代没有固定的、局限的传播范围,传播者应该具备全球传播思维,不再局限于传媒所在地区。第二,触碰用户内心世界,实现无缝对接。因为发生在自己身边的事情往往牵涉个人生存状况的变化。

事件发生的地点离读者越近,新闻价值越大。但是,严格意义上讲,将接近性的内涵仅仅界定为地理区域的接近却存在明显的不足。换言之,地理区域上不接近未必能够代表在其他方面不具有接近性,而对于具体的新闻收受者来讲,其他方面的接近性可能比单纯的地域接近更有价值和意义。但是,由于技术原因,即便认识到接近性的丰富内涵,传统媒体也不好实现对接近性丰富内涵的追求,只能转而求其次,具体到操作环节则主要是关注本地新闻。只能就新闻收受群体大体情况而言,不能更加具体地照顾到新闻收受者的个性化信息需求。融合新闻对接近性的追求却与此不同,它可以最大限度地满足新闻收受者的个性化信息需求,它突破了机械的地域接近性束缚,得以全方位接近用户,近距离触碰用户的内心世界。我们可以这样理解融合时代的接近性。

第一,远距离未必不接近。对远离家乡的人来讲,遥远的地方发生的事情也具有接近性,网络媒体可以很好地满足远距离用户的接近性需求。从这个意义上讲,接近性的内涵发生了改变,仅从地理区域看,也不能固守距离的远近,所谓"远距离未必不接近"。融媒时代没有固定的、局限的传播范围,传播者应该具备全球传播思维,新闻用户已经不再局限于传媒周边范围。

第二,地域接近性更加精准。融媒时代不是彻底颠覆地域接近性,而是能够提供更为精准的地域接近性,使接近性在地域上成为一个可以变化的概念。基于位置的服务(Location Based Service,LBS),它是通过电信移动运营商的无线电通信网络或外部定位方式获取移动终端用户的位置信息,在地理信息系统平台的支持下,为用户提供相应服务的一种增值业务。百度百科解释,LBS技术为融合新闻实现精准的地域接近性提供了技术支撑,这项技术可以锁定用户的位置,提供特定地域范围内的信息服务,"LBS是新媒体环境下融合报道地域接近性的内在驱动力,其存在机制使得新闻报道的地域接近性有了新的运作模式。"

第三,接近性对于新闻搜索的意义。对于融合新闻来讲,地域上的接近性仍然具有价值,但是实现这种价值的形式却发生了一些变化。新闻发生后,很短的时间内各个地方的新闻网站就会报道或者转载,即便这些网站都被搜索引擎纳入了新闻源,但在搜索排名上还是当地的新闻网站占据优势,这是搜索引擎对地域接近性判断的体现。从融合新闻的表达角度看,注明时间、地点的消息将有助于搜索引擎判断新闻的时新性和地域接近性,这对于提高新闻的搜索排名、增大点击量是有积极作用的,是在互联网环境下重新理解和利用接近性的一个不可忽视的方面。

第四,触碰用户内心世界,实现无缝对接。用户更加关注发生在自己身边的事情,关注牵涉个人生存状况的变化。融合新闻的一个操作理念是注重用户对内容的创造,用户发布的很多新闻都是源于自己的现实生活,是用户对自身事物变动信息的传播。社会化媒体关注人际关系,提供更具亲近感的私人化内容,这样的接近性完全超越了传统新闻学的想象。

数字新媒体具有便捷的互动功能,用户得以便捷地发表自己的意见、抒发自己的感情,这种互动拉近了新闻与用户间的情感距离,增强了新闻接近性。网络技术还可以针对用户的具体情况推送更加贴近用户的新闻信息,此种接近性完全突破了地域的限制,全方位触碰用户内心世界。数字技术让用户可以灵活定制新闻产品,融合媒体给予新闻推送服务,增强了新闻传播的针对性,有利于用户获取最具接近性的新闻信息。

四、显著性内涵扩展对"语态"的影响

显著性这一新闻价值属性在新媒体环境下仍然重要,名人效应依旧发挥着积极作用,发生在著名人物或机构身上的事情很容易受到关注。但与传统媒体时代不同,新媒体环境下普通人物被关注的概率有了翻天覆地的变化,按照传统标准无法被报道的普通人物,在融媒时代却越来越多地被报道、被传播。

融媒时代对人物显著性的要求降低了,普通人做的稍微有些不寻常的事情都能成为新闻。过去只能在家庭、邻里范围内说说的一些小事现在也可以被报道了,显著性已经突破了名人限制,普通人做的很多事情也可以具有新闻价值。媒体对新闻当事人的知名度要求已经降低,更加关注新闻事实本身的价值。

在传统媒体环境下,对显著性的评判主要依赖记者的个人判断,这种判断虽然是由记者依据新闻专业标准做出的,但每个记者的知识积累及生活阅历不同,导致了对显著性的判断带有很大的主观成分。互联网传播环境下,对显著性的量化判断变得轻而易举,用户关注度已经成为衡量显著性的十分有效的量化指标。

融媒时代新闻显著性的判断有了量化依据,更加精确化,页面点击量、跟帖评论数、微博转发数量、分享数量等量化指标越高,说明用户对新闻的关注度越高,新闻的显著性也越高。如果一条信息没有被记者报道,但用户关注度指标却很高,记者可以根据这些指标数据做出显著性判断。

从这个意义上讲,新闻价值属性的判断在互联网环境下的确发生了很大变化,用户关注度提供了精确的量化依据。面对互联网海量的信息,通过搜索工具及量化指标的排序,记者考察事实的显著性也会变得相对容易,用户关注度正是融合新闻报道中记者判断新闻价值大小的一个有力工具。

五、趣味性地位提升对"语态"的影响

传统媒体虽然也注意到趣味性因素的新闻价值,但总体上将其置于一个比较次要的位置,这一点对于中国的传统新闻业来讲更是如此。传统媒体从价值取向上往往更加强调重要性、显著性等新闻价值属性,并注重以硬新闻的形式加以报道,而对趣味性这一新闻价值属性的关注却比较轻视。

从新闻类别看,对趣味性这一新闻价值属性的表现主要是以软新闻的形式加以报道,软新闻不强调时新性和重要性,更为看重趣味性因素的把握与表现。以网络为代表的新媒体在新闻价值取向上发生了很大

变化,它们高度重视趣味性价值,注重趣味性因素的挖掘,惯于采用软新闻技巧加以报道。"网络新闻在价值取向上与传统媒体相比具有不同的侧重点,这在我国也许是更为根本性的变革""网络媒体对于软新闻的重视和突出,事实上反映了新闻价值取向的变化""网络媒体对软新闻的重视和突出,就是对趣味性的侧重""形形色色的社会新闻、娱乐新闻,自然主要是具有趣味性价值的新闻"。

数字媒体在新闻价值取向上发生了很大变化,这种变化的根源在于用户需求的改变,融媒时代用户对趣味性的需求有了显著提高,融合媒体必须积极应对用户的这种需求变化。

事实上,用户对趣味性的需求是没有止境的,同时用户本身也在创造着无穷的趣味价值,这一点甚至远远超过了职业记者的想象。"当公民新闻将它们的故事性、趣味性与民间智慧结合在一起,加上丰富多彩的发布形式和互动形式时,传统新闻媒体在这方面的努力就显得相形见绌。在这个问题上,人民的智慧和想象力总是无穷的,而新闻媒体则总是苍白的。"记者应该充分认识到趣味性因素的意义,善于发现趣味性元素,提升表达的技巧,增强新闻的可读性。

现代社会生活节奏在逐步加快,人们感受到的压力也在逐渐加大,愉悦的体验变得越来越珍贵。趣味性的意义在于为用户提供轻松愉快的新闻收受体验,让生活变得更加轻松有趣,缓解人们的精神压力。从这个角度讲,我们也应该重视趣味性的价值。

融合媒体在新闻操作层面给予趣味性以高度重视,相对传统媒体而言,融合媒体也更容易实现对新闻报道趣味性元素的展现,更容易增强用户收受新闻的愉悦体验。

趣味性与娱乐性是两个有关联的概念,趣味的本义是使人愉快、让人感到值得品味,娱乐的本义则是欢娱、使人快乐,二者都有令人快乐的含义,但新闻学更倾向使用趣味性概念。融合媒体应该充分发挥先天优势,增强受众对融合媒体的趣味性或娱乐性的感知。新闻收受者对融合媒体的趣味性或娱乐性感知越强烈,他们使用这种媒介的态度就会越加积极。"结合媒体本身的娱乐性特征,受众在媒体使用过程的快乐愉悦程度直接影响其对媒体的态度,娱乐性是影响使用态度的重要因素。"这将有助于增强用户黏性,有利于新闻价值的实现。

融合新闻在趣味性或娱乐性表现方面具有先天的优势,这种优势得益于融合媒体的传播技术先进性。融合新闻可以综合运用文字、声音、影像、动画、照片、图表、超链接等手段展现新闻事实,并在用户互动和信息扩散方面高度便捷,用户可以实时评论,将新闻报道一键分享到新浪微博、QQ空间、人人网、百度贴吧、豆瓣网等新媒体上,迅速、有效地扩大了新闻传播覆盖面,增强了新闻传播的冲击力和趣味性。

第三节 新媒体技术的勃兴驱动语态的演进

新媒体技术的发展不断推动新闻传播发生翻天覆地的变化,进而推动"语态"的变革。媒体信息的编码过程就是符号产生制作的过程。它可以根据受众对新闻内容和形式的偏好进行编码,制成不同类型的媒介产品,满足受众对新闻个性化的需求。进入读图时代,信息传播从过去"有图有真相"更加倾向于"有视频有真相",美国密苏里大学新闻学院的教授达里尔·莫恩曾说过,报纸"需要的是能够将文字和视觉作品完美地结合起来的新闻工作者"。而今天,从事信息传播都需要将文字与其他元素的信息结合起来,从技术层面上实现"语态"的转型。

一、新媒体技术的异军突起

人类传播经历了口语传播时代、文字传播时代、印刷传播时代、电子传播时代四个阶段。电子传播时代最重要的贡献之一就是实现了信息的远距离快速传输,1837年,美国人塞缪尔·莫尔斯发明了第一台实用电报机。1844年,美国第一条电报线路开通,莫尔斯从华盛顿向巴尔的摩发出了世界上第一封电报;1858年,横跨大西洋的海底电缆宣告竣工,接近于实时传播速度的远距离信息传递成为现实。一系列电子产品的发明,大大加速了人类现代化的进程。最为明显的变化是在电子媒介出现之后,新闻传播走出符号的藩篱,实现了真正意义上的大众传播。

伴随着互联网和移动互联技术的发展,新媒体日益成为新闻传播领域的主角。所谓的新媒体是相对于传统媒体而言的。"基于计算机、网络、无线通讯技术出现的新形态媒体,相对于电视及其以前的大众传播媒介而言,这些新媒体不仅可以像传统媒体那样一对多传播,也可以一对一、多对多传播。兼具数字化、个人化(用户定制或媒体管理者根据用户的操作习惯,通过类似cokie技术,给予不同的内容呈现)、互动性(信息主动发送和反馈,并可自由退出)等三方面的特点(据此,在原有传统媒体上经技术改进或空间挪移而实现的新生媒体产品,如数字电视和移动电视、楼宇电视不在其列)。"而这种新媒体形态的特点目前集中于互联网和手机媒体身上。

在互联网落户中国之初,曾一度作为传统商业模式的颠覆性力量而大受追捧,而今互联网的功能已经从当初的"注意力"转移到"搜索力",并且随着互联网的深入发展,人们迎来了一个"泛受众"的时代,它的出现更好地实现了传播学中的回馈机制。传播不再是单向流动的过程,而是形成了传播者和受众之间良好的互动关系,并且由于传者和受者之间的角色定位日渐模糊,世界就在这个虚拟的空间中形成了一个"资源共享、互通有无"的"村庄"了,互联网"就是巨大超文本书,与书中的注释不同的是,超文本的注释可以指向另一个注释"。而且一直可以这样无穷地指下去,就好像在不同层面上书写,而读者可以毫不费力地在各层之间跳来跳去地阅读。这使得计算机成了书写的一种革命。超媒体仍然是用文字把各种媒体编织在一起的写作方式,每个作者与每个读者都是并行的,每次阅读都是一次新的创作。网络传达的就是这样的讯息:寻找你所需要的——无论物质的还是精神的。

移动端的信息传播已经显示出越来越重要的作用,它是融合了大众传播、组织传播、人际传播的混合体,它的物质承载者——手机,已经成为这个时代最具象征性的符号。大众传播时代,沟通与交流已经成为人类的生存方式,而作为资讯的传播渠道,它依靠上网便捷、携带方便、传输迅速等优势,使人类无限沟通成为现实。传播生态朝着多媒体生存、多功能延伸、多主体参与发展。在转型期,人们的选择性关注与认知在被传播渠道放大,以社交媒体为代表的新媒体日益兴起,公众有了更为广泛的发言权,网民可以相对自由地发表言论、开展讨论、及时地传递信息[①]。

二、新媒体技术勃兴引发"语态"变革

"当一种新技术铺天盖地而来时,如果你不能成为压路机的一部分,就只能做路基的一部分"。从电子媒介技术史来看,这个比喻似乎屡屡应验。新技术的勃兴使新闻传播业发生了深刻变化,也敦促新闻媒体及时跟随技术的发展变革"语态",用一种更加符合新闻传播规律的话语表达方式传递信息。

(一)信息共享

长期以来,由于摄录设备的昂贵和稀缺,以前的视频节目中只有职业记者才能占据第一线,公共媒体上播出的"第一现场"才算公认的第一现场。从20世纪末开始,手机、网络这些代表数字化进程的媒介不断在民间普及,平民的身影和视点开始在各种"第一现场"频频亮相。比如,在印度洋海啸、伦敦地铁爆炸、弗吉尼亚理工大学校园枪击事件等重大新闻事件中,都有非职业记者身份的民众用手机拍摄的现场画面,然后经电视媒体和网络媒体传播。

遭遇重大、突发新闻事件,个人在新媒体上发布信源,或经传统媒体的初步报道后,社交媒体上互动频繁,聚合意见,形成舆论。拥有无限互动传播空间和全天候发布、接收特性的网络等新媒体,是每个拥有终端的个体意见自由生发、碰撞的开放场所。这些来自新媒体的素材和舆论被传统媒体所采用,将零碎的声音整合、简化、放大成相对集中的舆论,再通过公共播出平台向全民展映。

目前,主流媒体主动采纳新媒体的信息已是常见的做法。记者通过互联网等新媒体搜索信息、整合资源,使工作效率大大提高。今天,在节目中已经可以见到越来越多的素材来自网络、手机等媒体,某些一线现场画面就是记者或当事人用手机拍摄视频或图片后传回本部播出的。

[①]刘昶,哈艳秋. 新闻传播学前沿[M]. 北京:中国传媒大学出版社,2019.

2007年3月4日,沈阳遭遇历史罕见雪灾。3月12日晚22:40播出的中央电视台新闻频道《社会记录》节目,用视频回顾了这次历史罕见雪灾。令电视观众新奇的是,该节目大多数素材来自某视频分享网站。此次沈阳雪灾,做第一手视频报道的不是电视台记者,而是沈阳的居民。因交通停滞,专业的电视台记者无法取得第一手素材,当地的居民利用手中的手机、DV等摄影设备,拍摄暴雪现场视频,上传到网站,以几乎直播的方式"报道"了沈阳雪灾现场。《社会记录》栏目组对提供视频的网站表示感谢。在该网站上,有这样一段评述:"2007年的3月12日,应该成为网站用户以及所有网络视频作者们的纪念日,在这一天,他们以自己拍摄的记录影像,成为在主流媒体中绝对的主角。"凭借与新媒体共享信息,今天的电视新闻媒介能够更快速地做出反应,进行全新的传播决策。

(二)技术融合

电视新闻媒介借助新媒介技术对自身改造升级,可以不断提升节目的创新潜力和传播效力。

早在1988年,美国广播公司就为当年的大选专门开发了信息系统软件MAGNA,这一软件系统创建了一个超文本的数据库,内有所有的总统候选人信息,例如选举记录、演说和对重要问题的立场等等。MAGNA取代了先前的老卡式文件系统,使彼德·詹宁斯(ABC《今日世界新闻》头号主持人)只需轻点笔记本电脑上的电子搜索,即可在一个几乎毫无遗漏的数据库里调出有关选举辩论或其他新闻事件的信息。而在过去,人们要立刻核实候选人的陈述或声明是不可能的。MAGNA的出现最终导致ABC设立一个被称为"交互式ABC"的新部门,该部门创造出基于MAG-NA系统的超文本框架,并将之与ABC新闻的视频资料相链接。在凤凰卫视《有报天天读》中,杨锦麟在电脑中预先存储了节目中所涉报纸扫描后的电子版,再通过安装一个专门的软件实现个性化操作,让他在屏幕上可以圈圈点点。事实上,杨锦麟圈点的报纸已不再是原始意义上的报纸,而是一种数字改造过的平面影像。

此外,影像经过数字化处理能转换为计算机数据库里的数据,由相应软件运算、操控,可以建立完全虚拟的影像现实。这种虚拟的影像现实,完全颠覆了自文艺复兴以来西方艺术的"再现"传统。当代新闻节目中,这种计算机合成影像在虚拟演播室、节目包装、特效转场的无缝接合中都已习见。

新媒体技术在电视新闻中的融合使节目越来越表现出基于计算机、非线性(超文本等)、多媒体(文本、数据、视频和音频的综合等)和用户控制(包括产品的形式、功能和时间)的特性,越来越多的产品通过在线、远程通信和卫星技术实现区域内实时共享。这些都优化着各部门的工作流程,从而改善工作效率、提高反应速度、消灭信息壁垒。

怀特·米尔斯认为,在大众社会里,表达意见的人要比倾听意见的人少得多,因为公众共同体变为从大众媒介接受印象的个体的抽象集合;流行的传播的组织形式使个体立刻回击或使其奏效很难,也不可能;意见的付诸实施与掌握这类行动渠道被官方控制;大众没有任何权威,相反,权威机构渗入到大众中去,并尽量减少任何可能因讨论过程而形成的自治。

在技术融合过程中,新闻传播还大量运用大数据和数据可视化技术,运用大数据方式搜集信息,用新闻图表等方式整合信息、形象化展示信息。这种数据可视化的方式能够体现逻辑思维与形象思维的完美统一,它灵活简洁地将庞大而零散的数据信息有机组合起来,高效、形象、精炼地展示新闻事实内容。比如2015年央视的"数字两会"节目运用亿赞普大数据公司所提供的数据,并制作成动态统计图表、新闻地图、动漫等形式,从"语态"方面实现了较大突破,受到广大网友点赞。在融合新闻中适当使用新闻图表将有助于整合信息,形象化展示信息,优化新闻报道话语方式。新闻图表能够体现逻辑思维与形象思维的完美统一,它灵活运用多种视觉元素,将庞大而又零散的数据信息有机组合起来,高效、形象、精炼地展示新闻事实信息。

(三)并行传播

在新媒体的冲击下,为了应对使用者的个性化互动需求,新闻媒体对自身的传播模式要重新组织和调整。其中最为直接的方式就是主动建立相匹配的新媒体,和原有媒体形成优势互补,它们相互打配合战,通过用户和新闻资源共享以及电视人与网民的新型互动来倍增优势。

首先,将视频节目平移进网站或微博、微信等社交媒体与受众互动,向网民随时传递信息。通过节目互动区的评论、留言、投票等,也能及时了解观众、网民的意见和需要。其次,传统媒体工作人员进入各大社交网站与受众互动,央视和凤凰卫视的名记者、名主持人在其所属电视台的网站上都建有自己的站内博客、微博等平台。

比如2016年两会期间,中央电视台通过新闻客户端、微信摇一摇,鼓励受众参与央视新闻两会的互动,而且还设置有"云直播""两会热搜""两会解码"等内容。一方面,新闻节目影像开始采用业余影像的内容,比如新闻频道播出的单条新闻会添加网友所拍摄的视频;另一方面,业余视频中也会引用新闻节目影像。二者在并行传播中共生共荣。

三、新媒体技术主导的"语态"演进的未来

打破国界的网络技术带来信息全球化,网络使用者作为国家公民身份在互联网的世界里消失,代之以超越国界自由游弋的个体身份。其关注的视界囊括了全世界范围内那些让自己感兴趣的事情,而不一定是自己本国媒体议程中的社会事务,国民主体意识因而削弱。新媒体正在培养这样的局面:每一个个体以自己为圆心,链接属于自己的个性化宇宙。

在这种情形下,新媒体掌握在每一个拥有者的手里,而民众并非专业新闻人士,在新媒体上传播消息不要求有规范的新闻文体,不要求划清新闻与娱乐、言论、广告的界限,严肃和无厘头混杂,事实和个人主见、猜测甚至谎言融合,广告有纪实般的面貌,报道有广告式的噱头,娱乐、恶搞皆堂皇纷呈,网上信息发布的海量和匿名,加上互动传播的迅即,又使其难以精准管控。通过大众纪实反应的自发狂欢,在某种程度上以偏斜的姿态保证了一种"媒介民主"。

此外,网络上匿名出没的状态将更加明显,这种参与状态先天就染上娱乐色彩,同时带有戏谑的意味。这种行为逐步演变为基数巨大的集体无意识的群体行为时,公众往往抱着见怪不怪的态度,越来越多的人被当成沉默分子卷入这场洪流中。从最初《无极》被恶搞成《一个馒头引发

的血案》，到《投名状》和《集结号》被某网站开发成互动的游戏，相关的恶搞已经在网络上层出不穷。事实上，从20世纪末至今，新闻和娱乐通过互联网归并为一体的进程一直处在进行时。这种戏谑化的状态将进一步解构话语精英的语态，逐步改变传统社会的权力格局。网民通过新技术的方式嬉笑怒骂，实现自我需求的满足，而这种方式促使新闻媒体的权威和公信力的消解。

随着新技术的发展，社会化媒体引发的热点事件将进一步增加，网民对重大热点事件的关注也将"穷追不舍"，网民甚至会通过社交媒体实现对热点事件的"拼图游戏"。在这种情况下，戏谑类新闻也可能成为一种重要的新闻类型，网络的戏谑化文风正逐渐侵占传统新闻媒体的阵地，传统媒体也逐渐转变观念，用一种更加开放的心态接纳这种戏谑化语言表达。在这种情形之下，社会精英也将加入这场由新技术首先引起的盛会中来。

不可否认，这场由新技术引发的"语态"变革也难以避免会产生一定的负面影响，比如虚假信息的泛滥，新闻娱乐化现象渐趋严重。但放眼未来，我们更应看到，它将带给网民久违的亲近感，即产生网络族群的归属感和集体安全感。按照传播学中"使用与满足"理论，通过这种"平民化"的话语方式，略带戏谑的表达方式，社会民众能够进一步缓解社会转型期带来的压力，寻找精神认同，从而寻找一种心理平衡，这对整个社会的发展也将起到"安全阀"的作用。

我们更应看到，信息技术催生了网民的大众狂欢，也催生了一定的话语共同体和利益共同体，这种以新技术为代表的社交媒体所构建的全新的人际关系和社会关系，让分众化的群体再次能够找到族群的归属感和认同感，民众在这种话语体系中能够建构所谓的"圈子文化"，这种话语体系所构建的也将是人们期待的"集体安全感"。"语态"的演变将走向何方，我们可以拭目以待，但有一点可以肯定，就是媒体与受众的关系将更加民主与平等。

第四节 社交媒体的国际化传播新语态
——以 CGTN（中国国际电视台）为例

融媒体时代的到来，社交媒体呈现出历史节点的丰富性、复杂性，怎样有效地传播和引导媒介舆论，在当前严峻的国际形势下，对媒体的传播路径提出了新的要求，对国际传播能力的建设也提出了新的挑战。本节旨在围绕CGTN的传播创新手段，分析和总结社交媒体出现的典型案例，为国际传播语态的重构探讨新的思路。

一、社交媒体的研究综述

近年来，社交媒体改变了人们的传统沟通、思维和行为的方式。碎片化的时代，互联网占据了网络舆论的大量空间，不仅制造和引导了社交生活中一个个热门话题，更进而吸引传统媒体改变了新的传播语态，从而塑造了全新的媒介生态。

根据互联网世界统计（IWS）数据显示，2011—2020年，全球互联网用户数量持续高速增长，截至2020年5月31日，全球互联网用户数量达到46.48亿人，占世界人口的比重达到59.6%，2000—2020年，世界互联网用户数量增长了近12倍。

二、语态变革——国际主流媒体的情感归因

在媒体高速发展的当下，社交媒体成为国际传播领域的新生力量，成为国与国之间增进沟通和了解的重要窗口。"怎样讲好中国故事，传递中国文化"是当今我国外宣工作的重点，也是我们未来面临的创新和挑战，20世纪80年代开始，由美国等西方国家主导的经济、文化全球化的"逆文化"思潮席卷世界，国际舆论处于高度复杂和不确定性的历史节点。而中国在积极参与全球化的治理体系和改革建设中，对国际传播能力提出了新的更高的要求[①]。

从新闻传播与文化传播的角度来看，媒体的"意见领袖"在引导公众

---

① 孙洁. 论如何用新闻塑造融媒体核心价值[J]. 传媒论坛，2020，3(11):25+28.

舆论走向上分化了传统媒体的"议程设置",每个人都可以是信息的传播者和提供者,不同国家、不同价值观的人站在不同的立场发声,真相被舆论裹挟,谣言弥漫网络空间,虚假信息的传播严重危及了国家舆论。"在公共舆论事件中,新闻报道往往借助特定的归因策略试图影响人们对事件的理解,从而影响公众的情感。"20世纪70年代孔德提出了"集体情感"之于社会结构的基础功能。集体情感被认为在社会成员中形成一种相同的情感类型,而这种情感反过来又作用于社会成员,使其思想和行动具有较高的相似性。后真相时代,社交媒体的媒介生态逐渐日常化,这种自媒体的舆论狂欢意味着"真相界定者"的解构,人们可以通过任意的社交平台,编造符合他们内心期许的"现实",国际舆论呈现出"理想化"的人为特色,那么,怎样强化我国对外宣传的国际话语权,强化媒体国际传播的专业性和责任感,这就需要转变新的传播语态,在建设网络空间中的主流舆论阵地抢占先机,提升媒体的国际公信力。

三、国际社交媒体的全方位优化语态——核心案例分析

(一)"议程设置"呈现生活化语态

在融媒体时代,新闻舆论工作对记者的"脚力、眼力、脑力、笔力"提出了更高的要求,互联网重构了媒介格局,打破了新的传播生态,但人民的生活仍然是新闻竭之不尽的创作源泉,只有对社会实践活动深入调查了解,呈现的新闻才最具有时代性、先进性、完整性。

2018年是我国改革开放40周年,各家主流媒体在媒体融合的大潮下,纷纷为大众描绘改革开放40年的伟大成就。CGTN在创新方面做了大胆突破,议题把镜头对准了改革开放最前沿的阵地和人们最关注的事件。主持人用实地走访的形式,通过回顾历史和人文关怀的视角,讲述一个个小人物的故事,折射出大时代的变迁,充分挖掘中国改革开放40年波澜壮阔的历史画卷。这些富有时代气息的人和事,感染着海内外观众,许多海外华人看到他们熟悉的"白云大楼",还有与他们一起奋斗的同胞,感受着祖国40年来改革开放进程的伟大成就。

2019年,国庆报道无疑是各媒体全年工作的重点,也是呈现自身特色和扩大影响力的重要契机。融媒体时代,积极探索迎合时代、符合自

身实际的新型报道方式,已成为必然选择,而国庆期间,越来越多的媒体正用融媒体产品点亮重大主题报道。从中外记者入驻庆祝新中国成立70周年活动新闻中心开始,融媒的细节与亮点便已融入整个报道过程:开设融媒体验室,体验室提供了5G条件下高品质、多互动、智能化的融媒体全新体验服务;4K大屏可以带领体验者"畅游"中国大好河山合影留念,并用《人民日报》号外为中国点个赞;还可以通过"央视新闻"客户端获取庆祝新中国成立70周年专属网络观礼券,通过MR系列产品360度体验新中国7项标志性工程;更可尝试操作易学好用的新华社时政动漫短视频自动生产系统,现场完成自己的创作……这一切生动展示了新中国成立70年来的伟大成就,立体呈现了中国新闻事业推进媒体深度融合的最新成果。CGTN新媒体在全平台发布国庆70周年庆祝活动相关报道。相关统计显示,截至2019年10月7日24时,共发布1994条,获得全球阅读量3.56亿次,视频观看量达2288万次。

(二)文案的风格及沟通策略年轻化

社交媒体在"千禧一代"呈现出显著的年轻化、多样化、开放性,怎样与新一代青年人沟通,引领和塑造他们的价值观,关乎着祖国未来的建设与发展。年轻一代对讯息的表达更接近真实的自我,他们有较强的沟通能力、独立思想以及参与意识,在参与社会事件中有更强的心理认同感。从网络舆论就可以明显看到,年轻的网友在抒发个人意见和情感时表现出极大的热情,他们在用特殊的方式对社会生活进行观察和思考。

2019年5月14日,美国福克斯商业频道(Fox Business)黄金时间播出的节目中,主持人翠西称中美贸易不平衡是美国必须用在中国身上的"武器"。她引用了一个核心数据,称来自中国的"知识产权盗窃"导致美国经济每年损失高达6000亿美元。5月22日,CGTN发布题为《中国不会接受不平等协议》的短视频评论,主持人刘欣在视频中有力驳斥女主播翠西宣扬的对华"经济战"的言论。次日,翠西又直接通过推特发出了要与主持人刘欣直播辩论的邀约,CGTN女主播刘欣在推特上坦然应约。随即,一场公开辩论迅速刷爆各大社交媒体,这场中美"跨洋辩论"引发了国内外网友的广泛关注,两位来自不同国家的优秀女主播,辩论的主题又是关于"中美贸易"的时事热点,网友带着好奇、期待而又兴奋的心情相互传播,生怕错过了辩论的直播时间,希望这场社交平台引发的"辩论"能够满足"舆论"的知情权。尽管由于版权问题直播内容没有完整地展现出来,但CGTN通过画面、文字的形式,在社交平台上详细地介绍了辩论过程,刘欣富有逻辑、条理清晰地回应,代表了新一代中国记者的形象,也是用英文向世界解释"独立精神"和"职业素养",这场辩论不仅激发了中国网友的爱国热情,同样也征服了"隔岸观望"的国际网友和媒体。纽约时报撰文表示,福克斯此举无疑是给了中国一个宣传自己观点的平台,有助于增强中国的软实力。

(三)国际社交媒体的内容独创性与移动端的创新融合

CGTN不是一个传统的电视台,而是一个多语种、多平台的融媒体传播机构,包括了6个电视频道、3个分台、1个视频通讯社和1个新媒体集群。CGTN新媒体新闻编辑部运营着全球12大平台23个官方账号,CGTN英语主账号总粉丝数约7000万,各语种账号的粉丝总数超8800万,全球超过1.5亿粉丝数。以CGTN对十九大报道为例,电视端和新媒体端同频共振,社交移动多终端发力,图文音视全媒体联动,共发布新媒体相关稿件2352条,全球总阅读量近3亿。目前,CGTN已经初步成为海外受众了解中国、感知中国的主渠道之一。

在融媒体平台上,国内外记者通过多终端平台发布采访素材,最大化实现台本部和外海外资源共享,采编和发布集成化运营,通过支持电视、网站、社交、移动、通讯社等多媒体融合生产平台,有效地提高了新闻的时效性、客观性以及丰富性,提升了节目质量和国际传播效果。由于CGTN面对的是全球受众,因此在移动新闻网的设计上,一开始就打造了北美、非洲及多语种账号集群,根据社交平台的大数据分析,满足多国用户对信息的个性化需求。在直播方面,即先由前方新媒体编辑发起移动直播,再引入电视直播信号,全媒体中心能够实现在线虚拟、AR、虚拟追踪等先进技术。

2018年春节,CGTN新媒体组策划了老外骑摩托车沿路拜年的活动,通过原创微视频的形式,用一个外国人的视角展现了中国的民俗风情和人物风貌,非常富有新意,以小细节展现了大主题,以小创意激发了大情怀,赋予了春节新的时代气息和崭新意义。

四、小结

综上所述,CGTN 通过 Facebook、Twitter、微信等社交媒体发声,成为对外文化传播的重要环节,新闻事件发挥了"舆情"与"引导"的沟通作用,主持人作为"意见领袖"发挥了专业化、个性化的特色,融媒体技术与内容创新使海内外受众的文化共识达到了有效统一,彰显了主流媒体通过社交媒体在国际传播能力、国家形象塑造方面发挥了"让世界了解中国"的传播职责。

第五章 融媒体时代新闻传播的创新求变

　　随着信息时代的发展与融媒体时代的到来,新闻传播的途径日益多元化,而新闻传播在未来的发展方式,目前成为相关人士所注重的任务。

第一节 融媒体时代新闻传播所面临的挑战与机遇

　　新媒体的发展给传统传播媒体带来了极大的冲击,无论是传播方式还是传播内容,新媒体所具有的快捷和灵活多样都是传统媒体所无法比拟的。而电视新闻传播等传统媒体如何在时代的发展潮流中找到新的出路,是我们所亟须思考的问题。而对这一问题,国内外许多的专家学者都有所研究,也形成了许多的方法对策。但在实践中,电视新闻传播等传统媒体的影响力依然在逐步下降,极少有回升的趋势。

一、融媒体发展的背景

(一)融媒体发展的社会背景

1.经济的发展,生活节奏加快

　　融媒体的出现是在一个十分特殊的经济背景下,即知识经济的到来。市场经济的快速发展和知识经济的推动,使得整个社会发生了翻天覆地的变化,小到人们的个人生活,如新闻的接受和传播,大到国家政治结构的变化和社会的改革,如网络传播法等。

　　在这一背景下,对于传媒行业而言,主要有两个重大的变化,一是新媒体的出现,层出不穷的新媒体使得人们在电视荧屏前的机会越来越少,这也是传统媒体面临的主要问题之一。二是人们生活的改变,快节奏的生活方式使得人们没有足够的休闲时间去观看固定的电视新闻。

手机和电脑等新的媒介成为了人们了解社会的主要渠道。在后来的发展中，传统媒体与新媒体在内容、渠道、形式等多方面逐渐"融合"，便演变为现在的融媒体。

2.传媒行业的竞争日益激烈

对于任何行业而言，新的技术往往都意味着新的发展和新的竞争。而对于传统媒介而言，新的技术的发展往往意味着冲击和淘汰。如电视和广播，曾经十分流行的广播在电视普及以后，就迅速被淘汰了。尽管如今或许还有广播，但已经没有了当年的盛况，也无法和其他媒体相提并论。除了新技术带来的竞争压力以外，对于传媒行业而言，市场经济的发展和开放，传播媒体的数量也在不断增多，这也就导致了传媒行业竞争的加剧。一定的市场容量，代表着一定限度的市场需求，而由此必然导致有些传播媒体被淘汰。并且，一般而言，传统媒体在没有吸收新媒体的新技术的情况下，其根本无法抵抗时代的发展和进步。

3.社会认知和社会心理的转变

人是一种社会性的动物，其或许会怀旧，但其目光永远都在前方。随着经济的发展和社会的进步，科技的力量使得人们的生活方式和生活水平发生的巨大的改变，也由此导致人们的社会认知和社会心理发生了变化。

对于新闻的传播，我们永远都有一种不满足感，因此我们对于新闻的数量和质量以及新闻的展现方式也就有了更高的期待。并且，我们的需求可能从政治新闻开始转向社会新闻，也可能从正面新闻转向负面新闻，然后又转向正面新闻，而传统媒体是无法适应这样快速的转换心理的，也就无法满足人们日益多元化的需求。因此，这样的社会心理和社会认知，所导致的就是人们对于新媒体的迅速接受和对"旧"媒体的迅速淘汰，在这个淘汰过程中，又保留了其中比较有价值的部分，将其注入新媒体之中，有了新的发展[1]。

4.科学技术发展，技术更新快

对于当今社会而言，其中最大的一个特点就是社会技术更新快。新

---

[1]张丹丹.新时代新闻媒体创新发展浅析[N].赤峰日报,2020-10-06(003).

媒体的发展更是日新月异。新闻网站和新闻软件层出不穷,每隔一个月就有一大批的新闻传播媒介在更新换代。可以说,传媒行业的竞争在一定程度上加强了技术的研发和更新。人们电脑和手机中的各种新闻软件能保证人们能随时随地的看新闻,了解时事,这也是人们所适应的生活方式。并且,就新媒体而言,技术的发展和更新为其提供了技术支持,这是新媒体能迅速崛起的重要原因。当然,技术的更新不仅催生了新的媒体,也在一定程度上,加剧了传媒行业竞争。

(二)新媒体发展给传统媒体新闻传播带来的挑战

1.新媒体较传统媒体而言具有高度的便捷性

新媒体尤其是移动新媒体,可以让受众随时随地获取新闻信息,打破了时空限制。与此同时,新媒体新闻传播编辑和发布速度极快,且内容更为丰富,图文并茂、音画俱全,受众可以全方位地了解某一具体新闻事件。使用新媒体,受众无须再等待传统媒体对新闻的较长编辑和处理周期,利用新媒体了解新闻信息,更加方便快捷,因此新闻受众出现分流,越来越多的受众选择新媒体,传统媒体失去了很大一部分受众。

2.新媒体较传统媒体而言具有极强的时效性

时效性是衡量新闻价值的重要标准之一。传统媒体由于在采写、采访、编辑、审核等方面流程较为繁琐复杂,因此,除了事态较为紧急的插播突发新闻之外,受众接收到其所传播的新闻最快也是在新闻发生若干小时之后,其中纸媒的时效性又差于电视和广播。新媒体则具有极强的时效性,一些新媒体甚至可以在新闻发生几分钟之后就将新闻短讯推送给受众。

3.新媒体较传统媒体而言具有高度的互动性

传统媒体交互性差,虽然也设置有"读者来信""群众热线"等互动方式,但由于纸媒承载信息量有限、广播和电视媒体运营时长有限,因此无法与所有受众展开互动,互动覆盖面小,致使传统媒体新闻传播处于"单向传播"模式,难以获得来自受众的反馈、难以考察受众的接受情况。新媒体则具有很强的交互性,网络环境下,受众可以便捷地发布对新闻事件以及对新媒体新闻撰写者和评论者的相关看法,新媒体工作者获得受众反馈的速度非常快。

二、融媒体时代新闻传播面临的挑战

（一）新技术与融媒体的发展——5G时代媒介融合面临的挑战

随着5G的来临，人们即将进入到一个人与人、物与物、人与物互联互通的时代。人们对新闻信息的获取方式和速度将会有更高的要求，这就使得媒体融合面临着诸多挑战，而媒体只有重新定义新闻生产、传播理念、传播方式，才能够推动媒体融合深入发展。

2019年1月29日，中共中央政治局第十二次集体学习在人民日报社召开，习近平总书记提出的"全程媒体、全息媒体、全员媒体、全效媒体"为媒体融合提供了新的发展思路。随着5G时代的到来，四全媒体的建设速度也将加快，提高信息的传播效率，从而满足人民日益增长的信息及文化需求。

1.5G的概念及传媒界的应用现状

5G是最新一代蜂窝移动通信技术。其性能目标是高数据速率、减少延迟、节省能源、降低成本、提高系统容量和大规模设备连接。其主要优势在于，数据传输速率远高于以前的蜂窝网络，比4G快100倍。2019年6月6日，工信部同时向中国移动、中国联通、中国电信和中国广电同时发放了5G商用牌照。2019年被称作是"5G元年"，世界各国开始了5G技术的应用试验。

5G的高速度、短时延、宽带宽为媒体进行新闻采集、制作与分发提供了便利，为媒体发展提供了机遇。新华社在2019年两会中，推出全国首个站立式AI合成主播对两会进行报道；中央广播电视总台也将机器人记者首次投入到两会的报道中，5G、4K、AI等多种新科技亮相两会新闻中心；中央广播电视总台在人民大会堂架设了"中央广播电视总台融媒体展示平台"，利用5G新媒体实验平台，通过4K超高清频道直播信号，在两会期间展示中央广播电视总台5G+4K集成制作的成果；在2019年庆祝国庆七十周年大阅兵中，中央广播电视总台首次采用5G+VR直播方式，从而让用户"亲身体验"现场阅兵；2020年4月22日，人民日报携手中国移动也首次推出了5G+4K高清慢直播，向用户展示珠穆朗玛峰的雄壮景致。

目前来看,5G技术仅被广泛应用于新闻信息的采集、生产与传播中,但对于媒体融合的整个大系统而言,在新闻信息的素材选取和新闻信息的精准分发以及新闻人员的培养等方面,都面临着巨大的机遇和挑战。

2.5G对媒体融合的影响

(1)新闻信息的采集更为精准化

主流媒体的融合转型首先通过新闻素材精准有力的获取来实现。麦克卢汉曾说"媒介即讯息",任何一种媒介或新媒介技术的发展进步都将开创人类交流和社会生活的新方式,引起整个社会的变革进而影响新闻业的发展变化。通过5G技术,无时无刻、无处不在的信息传递成为现实,这将使得云端数据量飞跃提升,新闻生产者可借用于5G技术来精准和快速的分析处理云端数据,从而获得自己所需的新闻素材。不仅如此,5G技术也能够提升新闻素材的现场采集能力,例如,通过传感器来测量人体的某些数据指标,通过5G技术无线精准传输至接收终端并为新闻内容生产提供依据,从而提高新闻的真实客观性。

(2)新闻内容的呈现更为多元化

4G时期,受传播速率和设备条件的影响,媒体的新闻内容多是以图片、文字和短视频的形式进行传播。5G时代,信息的传播速度和呈现精度得到提升,新闻媒体在进行新闻报道时可采用VR直播、AR直播、超高清4K直播等技术为观众带来一场视觉盛宴。以往媒体融合过程中,如何呈现新闻内容是由信息分发的平台属性所决定的,即短视频平台的呈现形式只能为短视频、文字和图片。在5G时代,短视频平台或许还会具备VR和AR的功能,使受众足不出户就能够以最快的速度感受到最真实的新闻现场。

(3)新闻信息的分发更为个性化

传统媒体时期,媒体是单向度的线性传播方式,受众对新闻信息的获取完全由媒体一方决定,媒体传递什么,受众就看什么,基本呈现"千人一面"的局面。4G时期,新闻分发依靠算法推荐机制,根据用户的个人喜好来为用户推荐新闻信息,用户想看什么,媒体就传递什么,达到"千人千面"。5G时代,人与人、物与物、人与物之间的隔阂被打破,真正成为人联网和物联网互联互通的"万物皆媒"时代。未来,新闻的传播或将不会限定在有限的端口,也不拘于有限的形式,旧的新媒体或将不再作为信息流通的单一渠道,人们在各种生活和工作场景中,都能选择特定的智能设备接收、处理媒体信息。新闻信息的分发不再仅仅依据用户的个人喜好,还要根据用户选择接收信息的媒介属性进行判断,这就使得新闻信息的分发变得更加个性化,呈现出"万人万物万面"的景象。

(4)新闻人员的配置更加合理化

新的生产力的引入必定会大大节省人力成本。传统媒体时期,对记者的考察主要集中于业务能力的考察,即记者采写编评的能力是否过硬。随着媒介的融合发展,为了新闻信息能够以多种形态传递给用户,要求记者要具备摄影、拍照、文字等多种能力,比如人民日报的中央厨房的"一次采集、多元生成、多渠道传播",由记者对现场新闻进行采集,然后各媒体再根据平台类型选择自己需要的素材进行加工。随着5G与人工智能等技术的结合,可提升新闻生产、分发效率,减少人力资源投入,将人力资源重新配置于更具创造性的劳动中。比如,未来的机器人新闻不只是进行文字新闻的采写分发,可能还会从网上抓取视频素材,根据提前编写好的程序自动生成VR视频,并以用户喜好和用户的媒介使用习惯为依据来快速的传播信息。而此过程中节省下来的人力资源可投入到新技术的研发中,为新闻传播提供新的传播路径。

(二)融合新闻面临的挑战

1."融合新闻"的发展现状

伴随着数字技术的广泛应用和推广,当下媒体传播形式也变得越来越多样,传媒形态的不断推陈出新以及对传统媒介的不断改造和强化加上科学技术的逐渐提升,在深化新闻媒介渠道多样化中起到了重要推进作用。融合新闻在这种潮流趋势下也将成为势必展开的主要内容,然而这项重大的突破也会被很多方面因素所限制,不过大体的发展态势也是难以阻挡的,下面就结合实际融合新闻发展现状进行详细说明。

(1)传统媒介在新闻传播中对新媒体的借助和运用已成为习惯

从早期媒介的使用情况来看,随着科学技术的不断提升和加强,传统媒介就已呈现出样式多元化、技术更新化的趋势,且在实际的新闻传播活动中对新媒体技术的借助和运用也已较为普遍。比如说利用计算机来辅助阅读新闻材料,利用智能手机短信获取相关信息等,为了跟上当下时代信息快速传播和普及的脚步,在传统媒介融合新媒体的影响下其速度进程也越来越快。除此之外,传统媒介若想在当下不断改革创新的新时代下有所进步,进行技术的改造和增强也十分关键和重要。

(2)传统媒介通过数字化技术以及网络传播途径衍生出新媒体

此外,新媒体之所以能够产生多半还是由于借助了传统媒介与新技术的两者相融合,且在这一环境影响下得以进一步衍生出更多信息传播方式。传统媒介在基础的运营方式以及传播方法的作用之上加以进一步结合数字化技术与网络高效信息传播。在融合了传播速度快、传播途径便捷、传播内容广泛的技术之上,得以衍生出新型媒体,比如说直接在互联网上进行新闻发布,进而省略了先制作传统媒体,然后将该媒体所显示内容进而在互联网上加以推广和传播的步骤,避免了这两者来回的成本浪费,进而也节约了人力物力,保证了媒体传播质量和效率。

2.融合新闻面临的挑战

融合新闻最早是在美国提出,主要是对传统传播方式的一种整合和重构,其融合包括有媒介方式的重新组合,也包括有新旧媒体的统一运用。这种融合新闻的产生,极大地提升了相关信息的传播速率,也进而提高了媒体信息内容的普及面,从其运用和发展结构来看,将会成为未来新媒体的主打技术,也将贯穿整个新闻市场行业的综合应用。然而结合融合新闻在我国展开的实际情况,仍然面临有很多挑战,下面就存在的几项主要障碍进行详细说明。

(1)融合新闻在我国仍然面临着行业壁垒和规章障碍

首先,由于融合新闻跨领域多、跨界大,在我国的整体新闻运营中,仍会存在有很多行业上的跨区问题,以及包含有各项规章制度障碍问题。比如说网络电视涉及到了网络电信内容也涉及到了广电内容,在网络电视播出中要同时受到广电局管理还要受到网络电信运行平台管理,而当电信运营商进入到广电管理内容中,或是广电与电信这两者结合起来,则很容易产生企业之间的矛盾纠纷问题,进而会直接影响到网络电视平台播放。同时也将对该类型的融合新闻产生很大负面影响。

(2)我国传媒集团跨行业、跨地区的发展面临行政区划分、行业分割等问题

此外,我国在发展融合新闻时,要整合多种不同类型的新闻传播媒介,在各种传播方式的统一运用中,会搅乱整个传媒集团的秩序,比如说传播媒体中报纸媒介传播与网络媒体新闻平台信息传播,在整合这两者的融合媒介时就包含了不同的传媒集团。这使得不同集团之间的跨行业和跨地区的发展变得比较困难,尤其是在某些传媒集团还面临有行政区划分、行业分割等问题的情况下。因此为了解决和避免在融合新闻进一步推广和发展中所遇到的种种问题,需要建立良好的媒介管理体制,并规范媒介融合秩序,普及融合新闻新型媒体下的媒体传播方式。

三、融媒体时代新闻传播发展的机遇

(一)融媒体时代背景下传统媒体的机遇与挑战

1.提升传统媒体的竞争力和影响力

传统媒体的运营和盈利模式较为单一,造成了传统媒体的易瘫痪状态,即只要其主要媒介产品出现滞销或运营渠道出现堵塞的情况,整个媒介就会难以继续运营。且由于其内容的相似性和单一化,又导致了它的高度可替代性。而媒介形式多样化,就为传统媒体拓展受众市场提供了更多的渠道。只要顺应当代新闻信息传播的变化以及媒介融合的趋势,传统媒体就能继续保持并不断提升其竞争力和影响力。

2.增强媒体与受众之间的双向互动

在传统的媒体中,尽管传统媒介可以以读者来信、致电等方式与其互动或对其产生影响,但这种互动和影响都是很滞后的,且这种互动机制较弱。在这种条件下,可以说媒介并没有把受众放在其应有的重要位置上,而受众由于缺乏其自身的存在感,只能被动接受传统媒体发布的消息,也就相对缺少对媒体的认同感,忠诚度也会随之降低。而当新媒体的冲击力融入到传统媒体中时,互动机制就变得活跃起来,他们可以在媒体发布信息之时对信息发表自己的看法,通过更多的方式与其他受众

甚至信息发布方进行讨论;也可以在新媒体新鲜内容的刺激下和传统媒体的权威性保护下,接收到更大量、更加多元化的信息。

(二)媒介融合背景下新闻传播的发展走向

自改革开放以来,我国社会各行各业取得了长足的进步,在信息技术、互联网技术等先进技术的创新和发展层面取得了较为显著的成果。社会的信息交流手段趋于多元化,我国正处于媒介融合的特殊时期,新闻传播面临着巨大的机遇和挑战。

1.媒介融合的基本定义

媒介融合是新时代背景下各种传播媒介相互融合、相互统一、共同传播信息的新型方式。实现媒介融合,需要以互联网信息技术和通讯技术作为支撑。究其本质,媒介融合的目标是通过多种方式和手段,以最具性价比的方式实现信息互换、信息传播。对于媒介融合来讲,在互联网信息技术如此发达的今天,其作用是使人类获取信息更具便捷性、更具有多元性,主要方式是将信息通过互联网信息技术和通信技术归纳在某一平台上,以供用户选择性浏览。

媒介融合是由多种因素共同组合,形成信息传递方式、传播媒介的所属和组织结构等,媒介融合是由其内部组合因素共同作用来传播信息。从客观角度讲,媒介融合的出现有利于信息的产生和传播,更方便人们阅读和使用信息。

2.媒介融合背景下新闻传播面临的机遇

21世纪,随着社会生产生活的高速发展,人们对于信息搜索的要求也在逐渐增多,人们需要快速地获取更多更广泛更精准的实时信息,媒介融合的出现能够极好地满足人们的信息需求。同样,处于媒介融合的时代背景下,新闻传播行业也面临着巨大的机遇。

(1)新闻信息的广泛性和无穷性

较之以往的信息整理和传播情况,媒介融合加快了不同类别、不同形式的信息整合和传播速度。而且,伴随着信息资源整理速度的提升,信息传播的范围和速度也属于递增的趋势发展,对于以往信息传播整合的单一模式来讲,造成了巨大的冲击,使现今的信息传播媒介和手段更为多元化。同时,伴随着互联网覆盖范围的扩大,新闻传播的方式除了传统的电视作为传播媒介,还新添加了网络作为传播媒介,而且,对于两种传播媒介来讲,媒介融合更加方便其信息整合和传播,扩大了其获取信息的来源。具体来讲,互联网时代下,通讯技术和网络技术的进步为信息传播提供了更多的平台媒介;就目前全球范围内互联网的使用情况来看,互联网用户基数较大,年龄层分布不一,而且新闻传播者和媒体人范围也不再单一地固定在传统的电视新闻人,身边的很多群众都可以成为互联网时代的新闻媒体人;信息技术的发展,人们可以通过手机、电脑、相机等多种方式采集和传播新闻,极大地增加了信息的来源和信息的数量,客观上使新闻信息库的数量和质量都有了显著地提升。

(2)人们对于新闻信息的评论更为便捷,新闻和新闻对象之间的联系更为紧密

基于媒介融合的意义和作用,新闻信息的互换和共享有明显的增加。此种情况下,不同平台、不同媒介所传的新闻信息有了较大程度上的融合和相似。针对新闻信息的特性,其本身的意义不仅仅在于新闻信息的具体内容,还包括新闻信息的真实性、实时性以及后期人们对于所传播新闻内容的评价和观感。媒介融合下,区别于传统的电视新闻传播,新闻传播的方式、新闻传播的观点趋于多元化,从此种角度来观察,可以发现媒介融合下的新闻传播使人们对于新闻内容的评价更为直观和便捷,加强了人们和新闻之间的联系。客观上来讲,有利于新闻信息的真实和实时传播,推进了新闻行业的发展。

(3)新闻信息的收集、整理和撰写更具有优势

电视新闻传播设置专门的部门来进行新闻信息的采集和撰写工作,如记者进行新闻的采集、后期进行新闻信息字幕撰写,分工较为明确,不同的部门和人员负责不同的工作。媒介融合的背景下,新闻信息具有广泛性和无穷性,传播媒介和平台也处于不断增加的状态,对于新闻信息的收集和撰写来讲,具有非常明显的优势。针对目前信息资源的传播状态分析可见,信息资源已经处于共享的时代,新闻事件发生时,素材资源非常广泛,包括图片、视频和文字,而且可以实时从多种途径获取到这些

新闻信息。以娱乐行业的事件为例,某男星在虹桥机场出现,实时微博、百度、今日头条等平台出现此男星在虹桥机场的照片、视频和文字信息。而且这种新闻信息获取非常便捷,不像传统的电视新闻传播,需要记者去往前线获取新闻信息。根据上述案例,可以发现新闻信息素材的来源越来越广泛,不限于记者和媒体人。媒介融合使新闻信息在实时和时效方面更具有优势,具体来讲,新闻事件发生的当时,新闻当事人和旁观者可以实时传播新闻信息,这就提升了新闻信息的时效性。另外,媒介融合方便了新闻信息的整理,新闻信息的收集、整理和撰写不仅有专门人员进行,还需要在此基础和团队结合工作,互惠互利,使新闻传播更具有效率。

3.媒介融合背景下新闻传播的发展走向

(1)确保信息资源真实性、实时性

新闻传播在媒介融合背景下面临的机遇,主要体现在新闻信息方面。首先,媒介融合提供了更多的信息资源和信息获取来源,为新闻传播提供了更多可供使用的新闻信息。但是,基于媒介融合背景下新闻信息资源获取手段多样性的特征,我们对于所浏览的信息资源真实性并不能完全确定。而新闻传播的目的在于向人们传播真实的新闻信息,因此,新闻传播在使用信息资源之前,需要通过多种手段验证新闻信息的真实性,除此之外,验证后的信息资源仍然需要保证其实时性和时效性。保证新闻信息的真实性、实时性和时效性,是新闻传播发展至今,并且未来始终要坚持的原则。为了保证新闻传播信息资源的真实性、实时性和时效性,需要新闻传播单位提高对于新闻信息筛选和分辨的能力。新闻从事者具备从广泛的信息库中收集具有真实性和时效性新闻信息的能力,而且,在后期对于信息的整合处理时,需要从多角度分析思考。新闻信息能够被人们阅读和使用的前提在于其能够被人们阅读,如果人们没有阅读传播的新闻信息,那么对新闻信息的使用和评论也就不存在了。所以,新闻从事者也需要多思考、多分析新闻信息,尽量争取从较为独特的角度来传播真实、实时的新闻信息,以吸引人们注意力,使人们能够更为直观地阅读、思考和评论新闻内容。

（2）新闻传播平台的多元化发展

互联网覆盖范围的扩大、网络通信技术的进步,推动了传媒行业的多元化发展。根据我国目前的新闻传播平台调查显示,新闻传播平台的数量和类别逐渐增多,包括传统的电视媒介,还包括APP、客户端软件、社交平台、门户网站等多种平台,多样的平台在新闻平台传播具有不同的特点,用户类别的差异、新闻信息以及传播方式的不同都是其各自的特点,传统的电视新闻传播面临此种情况也处于不断的发展和适应过程中。未来,互联网的飞速发展必然带来媒介融合趋势的加快,那么对于新闻传播平台来讲,其必然也会处于不断增加和淘汰的市场竞争中。因此,未来新闻传播的平台需要不断地进行融合,包括信息融合、功能交融和平台交融,使观看新闻的用户不断增加,才能保证其市场份额。另外,发展至今,手机已经成为我们的生活必需品,因此,未来的新闻传播也需要和手机结合,人们观看新闻更为便捷,新闻传播的受众范围自然也更加广泛,自然而然有利于促进新闻行业的发展

（3）新闻传播的方式需要不断的创新

针对人们对于新闻信息的需求调查发现,人们对于新闻传播的要求不断提高,不论是电视新闻传播,还是网络新闻传播,首先需要保证新闻报道的真实性和客观性,其次,需要新闻观点的独特性,对于一般的新闻观点和新闻信息,人们的观看欲望较小。而且,电视新闻传播面临的形势极为严峻,人们观看新闻的方式多样,不限于单一的电视新闻传播。因此,未来新闻传播需要保证其受众对象的增加,需要改变其新闻传播的方式,不断地创新新闻传播方式。针对新闻信息报道的意义,新闻传播需要从新闻报道出发,不再单一地注重新闻信息本身,而是需要在保证新闻信息真实客观的基础上从新颖的角度来阐明新闻内容,并且对其加以评论,以引起人们的共鸣,从而吸引人们关注新闻。另外,新闻从事者可以设置专门的栏目或标题来归纳总结不同类别的新闻,方便加深人们的阅读记忆和印象。

第二节 融媒体时代新闻传播创新的理念转变

一、融媒体时代新闻传播创新变革途径

新型媒体的出现给传统的新闻传播模式带来了巨大的冲击,两者之间激烈的竞争在新闻传播方式上产生了新的局面。对于这样的形式,总体来说是对传统新闻传播不利。因此,新闻媒体应当从全局思考目前新闻传播发展的形式,并重新给自身的发展定位,从而顺应时代潮流,创设出适合现代人们接收信息的有效新闻传播方式。对于目前新闻传播的局势总结以下几点[①]。

第一,观看新闻的人群不分年龄段,基本上男女老少或多或少都关注一些新闻,但是除了一些老年人还喜欢通过传统的新闻传播方式来获取信息以外,其他大部分人群都会用新的社交方式来获取信息,而且在获取信息以后还能直接在社交软件或者其他平台上进行网上讨论或者发表自己的见解。面对这一局面,新闻传播也应当认真分析时代发展下的新闻传播方式,并通过分析,从而用先进的网络渠道来获取信息并传播信息,以吸引更多的用户来观看。

例如,新闻媒体可以沿用西方发达国家的融媒体获取并发表新闻的方式,设定让每一位用户都可以将自己的所见所闻配上图片或者视频发表到软件上让其他人们都可以随意的观看,然后软件工作人员进行审核,审核通过便可以自动上传。不仅如此,其他的网民也可以随意在软件下发表评论,从而使信息渠道变得多元化。

第二,现如今社会活动丰富多样,新闻资讯也十分多,但是有些新闻并不是太重要的,甚至还有一些与社会脱节的内容,如果发表会对新闻传播造成一定的不利影响,严重的还会影响到社会。因此,应当严格筛选新闻的内容,以保证资讯的质量。

①叶伟良.融媒体时代对广播电视新闻记者的要求及应对措施研究[J].西部广播电视,2020,41(17):132-134.

例如,新闻传播应当设有专门的质检人员对每天人们上传的新闻资讯进行审核,但是工作人员毕竟有限,所以可以在网上寻找一些发布较多正能量且有质量的资讯上传用户,让他们担任审核员,并给他们一定的薪资,从而在工作人员与审核员的合作下,每天都能上传众多且质量优质的新闻,以吸引大量的人们观看。

第三,新闻传播要和融媒体时代有效结合,并实现共同分享的体系,因为融媒体的发展为许多的新闻传播提供了一定的便利途径,许多发达国家的新闻传播开创了新型的用户浏览模式,使用户在登录软件后,可以根据自己的兴趣来看新闻专栏,而且系统也会根据用户经常浏览的新闻内容给用户推送此类新闻,使用户可以方便地看到自己想看的新闻内容。因此,新闻传播应当将用户常看的新闻专栏仔细分析,并成立专门的新闻追踪小组,对此类新闻跟踪报道,使用户每天都可以看到自己想看的内容。

除此之外,新闻传播也要注意一些负面新闻,一些用户在网上看到相关负面新闻后就会对软件产生一种厌恶,因此,新闻传播可以给用户直接提供举报投诉渠道,如果用户看到负面新闻后就可以进行举报投诉,工作人员根据用户提供的信息进行追查,然后给用户一个合理的答复,并且为了使用户可以健康浏览,新闻媒体可以推出健康浏览模式,在健康浏览模式中只会出现一些与国家和社会正能量相关的新闻资讯,那些娱乐性的内容将被筛掉。与此同时,也要设有专门的分享按键,使用户在看到自己感兴趣的新闻后分享给家人朋友,从而促使用户家人以及朋友使用本软件。

二、融媒体时代新闻发展理念转变

转变传统的新闻传播发展理念,将新闻看作产品,做好"运营""开发""生产""维护"等工作。传统的新闻媒体只有传播的功能,反馈功能很低,可以说如果人们对传统新闻传播不满意或者有意见,因为无法提建议或者投诉,就会对传统新闻逐渐失望,这也是导致传统新闻传播不利的一个重大原因之一。因此,新闻传播应当将融媒体融合到新闻传播当中,并提高传播的技术,注重反馈,然后在建设新型传播技术的同时要投入足够的资金,使作者不再为新闻的质量和反馈以及投诉而懊恼,从而使新闻传播适应新时代发展的潮流趋势,并实现可持续发展的战略。

在转变发展理念的时候,需要认识到以技术做驱动创新传播形式的重要性。随着信息时代的到来,标志着我国的科技已经逐步走向成熟,并且在各个领域中都有着技术支持,而且各个领域都在技术上投入大量的资金,将自身的发展走向信息化与技术化,因为领导人都知道新时代下技术才是发展的关键。

因此,新闻传播领域也应当意识到这一重要性,并以技术做驱动创新传播形式。首先,传播的途径逐渐变得多元化,过去的新闻传播知识局限于报纸、收音机和电视,但是现如今网络信息的发展使传播的途径也走向了多元化。因此新闻传播应当在报纸、电视、手机、电脑上进行多元化的信息传播,并建立自己的网站与软件,使人们可以通过多种方式来观看新闻。其次,新闻传播应当向多功能发展,比如在人们观看新闻的同时,在下面开设评论讨论区,让人们可以对以上新闻发表自己的见解,从而实现新闻传播性、娱乐性和社交性的共存。

三、报刊记者采编独家新闻的创新理念

(一)拓宽报刊记者专业角度

1986年,上海法制界文艺会演的闭幕式在邮电俱乐部举行,多家媒体争相报道,可内容却是大同小异。然而,有一名记者在浏览文艺会演节目单时注意到有这么一个节目:著名沪剧演员杨飞飞与上海监狱新岸艺术团同台合作演出《金桥》。记者想,杨飞飞知名度这么高,怎么会与监狱艺术团合作演出呢?其中一定有原因,如果弄清楚这件事,一定大有文章可做。

经过打听,记者了解到,原来与杨飞飞合作演出的新岸艺术团成员肖乐弟是杨飞飞的儿子,肖乐弟早期也是沪剧演员,后因犯罪入狱,在狱中他加入新岸艺术团。当杨飞飞与他的儿子演完《金桥》时,所有在场的观众潸然泪下,记者也十分激动,于是大笔一挥,写下《法制汇演出现感人一幕:杨飞飞隔铁窗与儿子同台演出》的报道文章。由于记者敏锐的专业眼光,独特的专业思维,才撰写出这则新闻作品,这篇文章上了头条,

成为独家新闻。

虽然当今时代,新闻报道的行业竞争压力越来越大,独家新闻的发现与报道也越来越难,但是,对于报刊记者来说,只要不断扩宽自己的视野,拥有自己独特的新闻报道的思维方式和知识体系,不断提升记者本身的编写能力和发散思维,创新理念,提高专业素养,才能谋求发展;对媒体单位来说,要加强培养专业记者,打造自己的专业团队,做到及时了解大众文化和新闻走势的变化,敏锐地捕捉到新闻表象背后的深层内涵,做好团队分工。

总之,专业素养高、能力强的报刊记者更容易报道出优秀的新闻作品。当然,优秀的记者还要有能力把控各项工作的流程安排及角度,培养自身多种专业技能,提高自身的专业能力和价值。

(二)获取新媒体之优势

在网络技术的不断发展下,信息的传播也逐渐多元化。在传递信息的过程中,可以看出其反馈能力并不强,而且也被技术所限制,无法脱离时间的及时性限制,信息具有单向流动性,再加上传统媒体的互动性不高,必须得到改进。

如今,新闻的接受者不仅仅是大众,还有媒体机构自身,新媒体的运营填补了传统媒体行业的不足,特别是在用户体验方面。新技术使得新闻报道的传播速度越来越迅速,传播渠道也越来越丰富多样。因此,传统媒体行业的记者们利用新媒体的优势对新闻稿件加以润色,加上自身的专业优势和特色,面向多层次的用户,播报多种类型的新闻作品。尤其是独家新闻的报道,更能让整个社会得到新的信息冲击,能够让全网进行转载,让受众了解身边不知道的事件,详细地了解世界,还原事件本身,引领正确的舆论导向。

(三)创新新闻报道的呈现方式

在经济发达的美国,即便是科技再怎么进步,也没有放弃传统媒体行业。美国的报刊新闻抓住时代变化的脚步,与时俱进,积极进行改革,选用精彩的文字,精致的图片以及对时代敏锐而又独到的见解来报道新闻。

但是,报刊的新闻形式虽然多种多样,但必须要与内容相匹配,并且二者之间是交相辉映、相辅相成的关系,而且创新的新闻内容要足以支撑整个新闻报道,并能统一整个报道主题。因此,独家新闻报道要能够彰显出新闻记者整体的水平和要求,表现出记者全新的面貌,新闻记者可以充分利用素材稿件和图片,以独特的眼光去发现同一条新闻背后的深层价值内涵,凸显出记者自身优秀的专业素养。

综上所述,融媒体时代的发展给传统的新闻传播方式带来了巨大的冲击,新时代下的人们可以获取新闻的方式多式多样,而融媒体传播的方式也是丰富多样。因此,新闻传播要想长期发展,就应当顺应时代发展的潮流,并通过创新新闻传播方式、更新传播内容、扩大资源获取途径以及提高技术等方面来促进自身的发展,并加强与其他软件的合作,从而将新闻传播向多元化发展,以迎合信息时代的到来。

第三节 融媒体时代新闻传播创新的实践变革

在我国古代,信息传播方式主要有飞鸽传书、快马传递等方式。这些信息传播方式速度非常慢,而且在传播过程中很容易出现物件丢失的情况,导致人们对外界信息的接收迟缓,有时造成的后果是无法预估的。现代社会科技不断发展,信息通信技术企业在国家的大力扶持下不断取得新的技术成果。新技术的出现让人们进入了融媒体时代。融媒体技术主要是依靠互联网和数字化信息进行新闻传播,给新闻传播带来了巨大的改变,也是新闻传播行业的重大突破,新闻传播行业迈向了更加广阔的发展空间。

一、融媒体时代新闻传播的特点

第一,融媒体时代下的新闻传播打破了时间、空间和地域的限制。运用互联网这个新兴平台,世界各地之间的新闻传播都集中纳入网络世界之中。在这样一个网络世界中,新闻的接受者可以通过互联网平台,了解到世界各个国家的最新新闻资讯动态。

第二,在融媒体时代,新闻传播将虚拟与现实有机结合在一起,利用图片、视频、音频等形式使新闻传播更加新颖和真实地呈现在受众面前。

第三,在融媒体时代,受众能够在网络平台表达自己的意见和观点,具有极强的新闻公平性和民主性。

二、融媒体时代新闻传播的优势

(一)融媒体时代新闻传播的及时性

以往的传统信息主要通过驿站、书信等形式进行传播。这些传播方式很容易受到地域、交通等情况的影响,使信息不能及时送达到位。进入融媒体时代之后,我们可以充分利用互联网的优势以最快的速度,把最新的新闻资讯第一时间传递到广大受众面前,使人们能够在及时了解世界各地的最新资讯,掌握新闻的最新动态。

(二)融媒体时代新闻信息的开放性

传统的新闻传播方式普遍存在一定的局限性,传播的方式也更加单一。而融媒体的出现彻底打破了这个尴尬的局面。因为融媒体是以互联网为载体进行新闻传播的,传播速度非常快,对社会的影响力十分大。同时,受众可以通过互联网平台阐述自己的观点和看法,这充分体现了融媒体时代新闻信息的开放性。

(三)融媒体时代信息的互动性

在传统的信息传播模式下,人们把新闻信息作为主要的传播内容,而广大受众只能被动地去接受这些信息。融媒体出现以后,每一个人都可以成为信息的生产者和传播者。人们可以通过各种网络平台如微信、抖音、微博、今日头条、百家号等传播工具发布新闻信息,还可以对发表的内容进行评价,从而达到新闻信息的互动性。

三、融媒体时代新闻传播路径的创新

(一)网络搜索引擎的广泛应用

随着人们生活水平的不断提高,人们的文化素质也得到了明显提升,再加上科技的不断发展,移动互联网得到了广泛应用和普及,逐渐成为人们日常生活中不可缺少的一部分。在我国最具影响力的网络搜索引擎——百度上，只要将想了解内容的关键字输入搜索框中，就可以十分快捷地搜索到所需要的相关信息。人们通过对信息的二次整理和分析，便可提取出自身所需要的各类相关新闻内容，进而方便了解和应用更多的信息。

（二）各类网络媒体的兴起

第一，网络论坛的出现。网络论坛最早出现于20世纪70年代。主要依靠BBS系统作为整个网站的运行核心，所以简称为BBS。随着科技的不断发展，技术逐渐成熟。网络论坛的用户数量呈几何式增长。各种类型内容的论坛不断出现，网络论坛逐渐成为人们发表个人见解的主要平台。也成为当时人们互相交流的重要网络工具之一，是当时互联网风靡的原因所在。BBS是一个免费的交流平台，在这个平台中，人们不会受到自身职业、年龄和性别的限制。人们可以自由地发表各自的意见和建议，以此来表达自身对某件事情的主观想法和态度。因为BBS平台系统上发表的信息是完全对外公开的，人们很容易与其他用户进行各类话题的讨论。BBS经过一段时间的技术改造和升级后，逐渐加入了更多新的功能，人们可以在论坛上发布自己的求职信息、求助信息、招聘信息等。这类信息极大丰富了网络内容，人们只要拥有一台可以连接互联网的电脑就可以了解到世界各地的相关信息。融媒体时代的到来使互联网信息的传播进一步深化，更多的信息通过互联网传播给每个受众。很多热点内容可以即时发送到用户终端，新闻的时效性得到了很好的保证[①]。

第二，融媒体的重要传播途径之一——微博出现于2009年，微博就是微型博客的简称。它本身属于博客的一种衍生产品。微博主要是通过分享简短实时的信息，以广播的方式通过互联网传播出去的一种社交网络平台。微博的使用门槛非常低，用户只要通过实名的手机号码就可以注册微博账号。同时，随着技术的不断更新，微博系统的使用操作也变得非常简单。微博系统将受众和传播者紧密联系在一起。人们只需要一台电脑或一部手机就可以发布和记录日常生活的每一个细节和个

---

① 王醒. 新闻传播论文集[M]. 太原:山西人民出版社,2009.

人情感经历。一些实时的新闻信息在微博上发表之后,会第一时间引起广大网友的关注和热议。通过微博这一平台可以迅速进行转发和评论,能够让更多的人通过微博平台了解到最新的实时新闻。这样的新闻传播方式也满足了年轻人快节奏的生活模式,弥补了传统媒体实效性、即时性、反馈性不足的现象。人们通过转发和评论,拉近了传播者与受众之间的情感距离。

第三,融媒体时代背景下社交网站的发展。随着数字信息化技术的不断发展,社交网站已经成为人们进行社交活动的主要网络场所之一。社交网站主要是通过人脉拓展扩大彼此朋友圈的一种网络平台。将一些有着共同目标和爱好的人聚集在一起,为人们的交往提供了更大的便利,也开创了现实社会之外的全新社交模式。通过这种新的社交方式,人们可以巩固过往的人脉关系,也可以有效降低维护人际关系的成本。

四、小结

融媒体的到来是时代向前发展给人们带来的新的历史产物,它使传统的新闻传播模式变得更加多样化。它在某种程度上改变了以往传统模式下人们接受信息的方法和途径,无形当中影响了现代人的思维方式和生活方式,也悄悄地改变着人们生活的世界。融媒体时代的到来,给人们带来了新的机遇与挑战,新闻工作者应该着重学习和分析新的新闻传播方式,通过融媒体的先进方式把更多的新闻传播出去,为新闻事业的发展做出应有的贡献。

第四节 融媒体时代创新新闻传播人才的培养方式

面对新传媒生态和新传播格局,反思我国高等院校传媒教育所面临的困境与问题:人才培养理念陈旧、目标模糊、模式单一、范式固化;忽视学生综合素质培养;教学与社会需求脱节,理论与新闻实践脱离,对学生能力的培养缺乏创新性。在此基础上,探究融媒时代新闻传播人才培养的核心价值诉求：确立融合与创新理念、锻造融产品研发与运营能力；论述融媒时代新闻传播创意创新型人才的培养策略：理念融合化、学科交叉化、能力具象化。

国内外传媒业的改革创新都与传媒教育人才培养相互支撑、携手共进。推动媒体融合发展、建设全媒体的实践正在倒逼传媒院校创新新闻传播人才培养的理念、目标、模式、机制、策略、路径等。融媒时代高等院校传媒教育教学正面临新的挑战与机遇。我们需要思考、研究新闻传播人才培养的核心价值、目标诉求与方向抉择。

一、新闻传播人才培养存在的问题及成因

（一）理念陈旧、目标模糊、范式固化

在媒体融合与大数据时代，新闻产品生产、传播、运营、消费都处于重构之中，数字化、网络化、移动化、智能化的趋势迫使我们思考：高等院校究竟要培养什么样的新闻传播人才？回顾持续十多年的电视民生新闻大战，在探索时政新闻民生化的实践中，笔者逐渐认识到创新新闻传播人才培养理念与策略的极端重要性。新闻大战、收视率之争其实就是人才之争、创意之争、创新能力之争。每逢改版，每创办一个新闻栏目，最缺的就是创意创新能力强的人才。在与学界、业界同仁交流中，笔者发现国内许多传媒院校人才培养的理念比较陈旧，要么死守传统的理论教学而忽视实践，要么一味地强化实践教学。虽然有些教师也想施行理论与实践相结合的教学方法，但原有的新闻教育理念、课程设置、教学方法和评价体系没有进行系统的、有前瞻性的改革与创新。相当多的教师仍在传授传统的采、写、编、评的理论知识与实践技法。有些院校虽然已经重视融媒时代的传媒教育教学改革，开设了一些新媒体课程，但课程割裂、内容封闭，专业壁垒很难打通。新技术引领、支撑的融合生产、传播、运营的教育教学仍无法推行。不仅如此，部分院校新闻传播人才的培养目标十分模糊，培养模式之单一令人吃惊，教育教学与媒体融合发展的实际严重脱节。显然，仅仅靠教学内容的更新与课程体系的微调无法解决长期积累下来的问题。"未来的传媒行业需要一批具有卓越严谨思考能力的年轻从业人员，他们能够在'融合的媒介'时代从事新闻传播

工作。"

（二）培养目标飘忽，忽视节目创新与融产品研发能力的培养

在新闻传播人才培养方面，有些高校重视专业理论知识灌输与学术研究能力的培养，有些高校注重学生实践能力的训练和创作水平的提升。有些学者认为，中国传媒教育和人才培养存在重"术"轻"学"问题，过度强调实用、技术与操作，把高校办成了职业训练所。与此同时，也有一些学者认为传媒院校不能只培养研究型人才。他们走上社会后要扛起创业的重任，新闻传播学的学科特色和专业特点决定了人才培养的应用性必须强化。新闻传播人才的培养目标存在争议很正常，各方观点各有侧重可以理解，但不能偏激。不管是综合性大学还是专业院校，新闻传播人才的培养都要立足于理论与实践相结合，专业知识与运用能力相统一，着力培养、提升学生的节目创新与融媒体产品研发能力[①]。

（三）教学与社会需求脱节，理论与新闻实践脱离

"绿眼罩派"按照传统新闻的采、写、编、评的方法与路径来培养学生。"卡方派"将传播学、社会学等注入新闻学研究，用社会科学方法尤其是定量统计的方法来培养学生。"绿眼罩派"与"卡方派"这两种不同的人才培养观对我国新闻传播学的教师们影响较大，其争论也一直持续不断。当下，国内高等院校传媒教育存在的突出问题是教学与社会需求脱节、理论与新闻实践脱离现象较严重。媒体融合发展的趋势昭示我们新闻传播人才采、写、编、评的基本功和运用社会学、经济学等社会科学知识开展研究的能力不但不能忽视还应进一步强化。与此同时，我们还必须培养学生的计算机编程、大数据新闻采编等适应互联网和融媒时代新闻生产传播的创意创新能力。这是提升新闻传播力、引导力、影响力和公信力的知识与能力贮备。之所以出现上述问题，主要有如下原因。

第一，视野狭窄，知识更新滞后。部分专业教师对新技术、新环境、新变局知之甚少，没有主动适应融媒时代变革并适时进行前瞻性分析。教师们对传媒业的新生态、新问题、新现象不能及时发现、准确判断并形

①颜林翩. 融媒体背景下新闻本科应用型人才培养途径[J]. 新闻研究导刊,2020,11（18）:35-36.

成独立思考,无法通过理论与实践相结合的剖析、讲解,引导学生由此及彼、由表及里、举一反三地分析问题、解决问题。

第二,人才培养观念固步自封,师资结构不合理。部分高校的传媒人才培养观念已十分陈旧,更令人担忧的是固步自封。部分传媒院校的师资结构问题十分突出,来自业界的教师比例过低。这与密苏里新闻学院、纽约电影学院等高校来自业界的专兼职教师占比45%以上形成了较大反差。从学界到业界,再从业界回归学界,从近几年的教学实践和学术交流看,传媒专业的教师比较重视新闻传播专业理论知识积累和学术研究,但他们的创作实践与新闻管理经验明显欠缺。国内绝大多数传媒学院有传媒实践经验的教师偏少,创作能力较强、专业水平较高的教师更少。

第三,轻视、忽视对所培养人才的跟踪、评估与反馈。虽有课题组到业界了解人才培养情况,也有高校表示对这项工作的高度重视,但对所培养人才的跟踪、评估与反馈不是一两次课题调研所能解决的。如果不建立健全相应的机制,不从管理制度上落实落细,即使有专门的机构负责人才培养情况的反馈,此项工作也会流于形式。

总之,我国传媒教育教学存在的突出问题是理念不融合、学科不交叉、能力不具象,进而造成了创意创新型新闻传播人才奇缺的现状。

二、新闻传播人才培养的核心价值诉求

高等教育的基本任务是培养适合社会需要的人才。大数据、互联网、人工智能以及5G等信息技术催生了新闻生产传播新的生态与格局,一系列新的新闻采编、传播、运营、管理职责与岗位应运而生,如产品创意设计师、用户运营员、社交媒体编辑、移动产品制片人、大数据分析师、移动及直播产品经理等。新闻传播教育教学迫切需要回答、回应、服务新闻事业发展的新期待、新需求、新召唤。

人才培养模式是学校为学生构建的知识、能力、素质结构以及实现这种结构的方式。确立人才培养模式首先要明确社会需要什么样的新闻传播人才?融媒时代新闻传播人才有哪些特征?只有这样,我们才能统一传媒教育思想和教育观念。"一方面,高等传媒教育要充分尊重市场,

对传媒行业'不离不弃';另一方面,高校的传媒人才培养对市场也不能亦步亦趋。"高校传媒人才培养对市场"亦步亦趋"只能培养技工。但如果对传媒行业又离又弃,那么,高等传媒教育培养的人又有什么用?

当下,传统的采、写、编、评等新闻传播人才培养模式已远远落后于社会需求。我们再也不能局限于或单纯满足于研究型或应用型人才的培养。面对新技术引领的新闻传播生态、格局之大变革,综合分析新闻学和传播学的学科特色,面对生产传播体制机制创新、融合生产、融产品研发、全媒体传播等实践对新闻传播人才的需求,笔者认为,融媒时代新闻传播人才培养的核心价值诉求即最主要、最重要的目的或目标是确立融合与创新理念、锻造融产品研发与运营能力。

融媒时代的新闻传播人才首先要有互联网思维和融合理念。在(移动)互联网+、大数据、云计算等科技不断发展的今天,传媒人应确立蕴含互联网基因、具有互联网思维的新闻传播理念,在思想、观念及认知、判断等方面求真、开放、协作、高效、分享。互联网是一种思维、一种文化,以互联网为文化基因的思维就是融合思维。

新闻传播生态与格局的变革、传播环境和用户消费习惯的变化客观上要求新闻传播人才必须是融合化人才,其知识结构、能力等都必须是融合的、融通的。实践中,笔者曾引导编辑记者突出采编某特长的积累与发挥,抓住"三个一"中的"一"即:一支笔(能写)、一杆枪(能拍)、一把刀(能剪)。在融媒时代,"三个一"显然不能满足媒介和社会对新闻传播人才的需求。此外,业界反映较多的问题是传媒院校培养的学生逻辑思维、辩证思维能力较弱,运用计算机编程进行新闻采编、推送的能力欠缺。因此,我们要切实重视计算机编程、大数据分析、人工智能运用等自然科学知识与新闻学、传播学、哲学等专业与基础理论的融合教育与知识引导。

融媒时代的新闻传播人才是创意创新型人才。理查德·佛罗里达认为创意型人才是"具有才能的创意人",是"创造新观念、新技术和(或)新的创意内容"的人才。创新型人才是指那些富于探索精神,拥有独立思维和创新意识,敢于突破传统知识结构壁垒,为人们未来生活捕捉光亮的复合型人才。厉无畏则认为，掌握有较高水平的知识，具有很强的创新能力，能运用创作技能和手段把特有表达内容和信息转换、复制、浓缩到文化创意产品或服务中，并能推动该产品或服务的生产、流通和经营的人才集合体，就是创意人才。创意与创新是分不开的。创意侧重于设计、构想、谋划，创新侧重于开拓、创业、创造。创意要通过创新转化为新成果、新业绩。创新则离不开创意所提供的新观念、新思维、新技术。有创意才能的人创新能力也比较强，有创新能力的人都有创意思维和开拓潜质。创意创新型新闻传播人才是在新闻传播理论探索和创作实践中想象力丰富、洞察力敏锐，具有前瞻性、开创性，敢想敢干、充满激情、理论与实践相结合能力较突出的人才。

媒体融合的目的是发展，而发展的前提是媒体组织生态、运行机制的重构及人才集聚。重构和集聚要以新闻产品的生产传播营销流程最优化为导向，集聚所有的新闻资源和各类媒介中具备多种技能的人才，在一体化的生产、传播、营销平台上开展创新实践。其中，最核心、最关键的是集聚具有融合思维的创意创新型新闻传播人才。

创意创新型新闻传播人才可能是决策者、管理者，也可能是创作者、程序员等执行人。他们的工作理念与目标诉求是系统性地解决相关难题，创造性地设计、创作融媒体产品。他们的日常工作是多人协同、形成创意团队，每天在一起进行头脑风暴，共同构建一个系统，策划、设计、研发创意新颖独特、创新成效显著的融媒体产品。在融媒体新闻中心内，各媒体新闻的生产传播都迫切需要创意团队运用算法和大数据分析判断用户兴趣、心理、消费习惯等，筛选内容、展示互动，以清晰、简捷、方便的方式来满足用户的需求。大家在一起研究如何设计移动产品，以满足移动用户特别是年轻用户的需求。大家要考量所设计生产的新闻产品与众不同的视角、信息和价值有哪些？与众不同的内容架构是什么？与众不同的叙事策略如何运用？与众不同的思想力如何诠释？

当下，许多传媒机构的管理者与执行人常常抱怨所在单位的传媒产品没创新、无创意。在产品研发和品牌塑造的激烈竞争中，他们深感创意创新型新闻传播人才尤为缺乏。为此，我们要不遗余力地设计、传授、提升学生的知识、能力与素质，着力培养学生的融合思维和融媒体产品研发与运营能力。

三、融媒时代新闻传播人才培养策略

就传媒人才培养模式而言，美国"有致力于新闻实务教学的'密苏里模式'，有强调通识教育的'威斯康星模式'；有的采用专一新闻教育模式，有的采用泛媒体教育模式，有的采用传播学框架下的传媒教育模式，有的采用新专业主义教育模式。"我国高校传媒人才培养模式，有以"宽基础、综合性、重文理交融"为特征的"清华模式"，以"厚基础、自主性、重心智训练"为特征的"复旦模式"，以"宽口径、复合性、重文理渗透"为特征的"华科模式"，但主要是基于新闻学专业通识教育的考察。也有"学校教学与业界实践互动模式"和"学校特色+专业模式"，以及"依托区域优势的应用型人才培养模式"，这是从实践教学的角度提炼出的新闻传播学实践教学模式。还有"交叉学科培养模式""跨国合作培养模式"与"部校、校媒共建培养模式"。国内外传媒人才培养模式各有特色，有其存在与发展的必然性。新闻传播有研究型、实践应用型、理论与实践相结合的创意创新型三类人才。当下，媒体机构和公共传播都急需第三类人才。因此，高等院校新闻传播人才的培养要创新策略、优化方案、调整知识传授结构、夯实实践基础、激发创意创新潜能，高起点地参与、催化、推进媒体融合向纵深发展。

（一）理念融合化——融媒时代新闻传播人才的新思维

理念融合一直困扰着传统媒体人。传统媒体人做新媒体乃至传统媒体与新兴媒体融合发展的主要瓶颈就是从业者缺乏以互联网为基因的融合理念与思维。高等院校理应研究理念融合的多维度探索与多元化发展的策略。新闻传播数字化、网络化、移动化、互动化的需求客观上要求我们增设移动新闻、数据新闻、社交新闻等课程。不仅如此，还要在这些课程中加入技术与内容之融合、全媒体传播、融媒体平台建设等内容。当下，高等院校传媒专业要在专业课教学中讲授互联网知识，有意识、有计划地注入互联网基因，催生师生的融合思维。融合思维应贯穿新闻传播教育教学的全过程。我们要引导师生明晰融媒时代新闻生产的内容

与技术要融合、生产与传播要融合、传播与运营要融合。确立这种全方位、全程融合的理念十分关键。只有教师理念真正更新,才能引导学生理念创新。

（二）学科交叉化——融媒时代新闻传播人才提升学养与素质的新要求

传媒业的发展对新闻传播人才的知识结构和专业水平提出了更新更高的要求。传媒人的新闻悟性、文化创意、新闻采编与影视创作能力源自其文史哲等哲学社会科学知识、人文素养的积淀及互联网、大数据等传播技术知识及应用能力的培养。传媒学院的人才培养方案与课程建设要切实注重学科交叉化,夯实学识与素养基础。就基础理论与专业知识教育而言,我们要坚持新闻学与传播学相融合,人文学科与社会学科相融合,计算机、大数据分析等自然科学与新闻学、传播学相融合。"高校新闻传播专业和学科课程设置必须适应媒介融合这一发展现实,突破以往专业方向和课程设置单一割裂的局限,建立一种跨学科、跨文化、跨媒体、更具开放性与兼容性的新闻传播教学体系,以适应媒介融合的发展趋势。"课程设置创新方面,课程体系的建设要坚持通识教育和专业教育并重并举原则,立足于新闻学、传播学、社会学、经济学、文化产业等多学科理论研究与应用教育交叉传授、立体培育。美国许多新闻与传媒学院正致力于跨学科整合,调整新增了"多媒体新闻学""数据可视化""移动和社交媒体新闻学""数据新闻"等课程。知识结构创新方面,强化文理知识、跨文化思维、多学科专业理论的传授,以满足业界、市场对人才的需求。就教育手段与方法而言,我们要坚持理论与实践相结合的原则。

各校各专业根据自己的历史、条件与环境发挥自己的教学特长,强化自己的办学特色,教材建设、课程设置、教学方法等保持一定的稳定性无可厚非,但这不是放松、忽视教育教学改革的理由。惯性思维与自闭作风已严重妨碍学生协同创新研究与交叉应用能力的培养,重构人才培养方案和人才培养体系应成为我们的共识。笔者认为各传媒院校应着眼于培养具有融合思维的创意创新型新闻传播人才,构建有助于提升教学、研究和实践能力的新平台、新渠道。

（三）能力具象化——媒介与社会对新闻传播人才的新期待

融媒时代对学生能力的培养不能简单的、笼统的归结为"一专多能""复合型"，而要尽可能具体、具象。理论创新、理论对实践的指导、新产品或新应用的开发等都依赖于具象能力。融媒时代媒介与社会亟须注重理论与实践相结合的能力具象化的新闻传播人才。他们要有较扎实的理论功底，善于用正确的、融合的理念思维去实践。在实践中，不断地总结、反思、反省，提炼出理论观点，持续进行理论研究。不仅如此，他们还要在持续不断的实践中运用这一理论研究的成果进行有独创精神和开拓意义的探索——研发运营融媒体产品。他们就是各媒介和社会传媒机构研发新栏目、新节目等融媒体产品的核心人才。

那么，融媒体产品研发运营的能力包括哪些方面？我们如何培养、锻造学生的融媒体产品研发运营能力？

1.辩证思维、逻辑表达、独立思考和精准创作能力

首先要有思想力，有洞察、分析、判断和独立思考的能力。我们要培养学生的政治智慧和敏锐的内容洞察力，挑战固有的报道模式、规程，增强研判"新闻提示"的水平。人云亦云、随波逐流的人不可能成长为创意创新型新闻传播人才。此外，无论是设计产品、创办新栏目，还是日常的生产传播，表达清晰、精准、逻辑性强、思维缜密也是融媒时代新闻传播人才必须具备的能力。该能力的培养需要强化文史哲等人文社会科学知识的系统教学，注重经典作品的案例分析与讨论，在热议、争论及创作实践中开阔视野、增长才干。

2.发现捕捉新闻线索及其传播价值能力

在融媒时代，记者编辑要自觉培养、磨炼新闻信息的敏感性和捕捉能力，要养成多渠道多途径收集、捕捉新闻线索和素材的习惯，要熟悉各新兴媒体特别是移动端、社交媒体的新闻发布规律，在迅速捕捉热点、焦点、冰点的同时，准确判断其真实性及传播时效，善于发现、提炼新闻价值。该能力是融媒时代记者编辑的基本功。高等院校应明确要求专业教师面向新技术、新传播、新生态进行理论与实践相结合的教学改革。与此同时，学校应有计划、有步骤地引进、补充业界精英从事专业教学，

切实调优传媒专业理论课与实践课的教师比例。

3. 快速、精准、立体传播和及时解决问题能力

融媒时代新闻直播化、多渠道、融平台传播的特性决定了从业者必须具有快速、精准、立体传播的能力。在快速传播中,传媒人还要及时解决各种突发问题。这就要求从业者精于内容生产,擅长新老媒体直播,设计、生产、推送各类直播产品。为此,我们要引导学生多参与网络、广播、电视等直播,在直播实践中坚持问题导向,善于发现问题,及时解决问题。

4. 辨别整合和法律风险判断能力

能不能在最短的时间内分析辨别出所捕捉、观察到的新闻线索的真实性和准确度是对记者编辑综合能力的考量。作为全媒体记者编辑还要及时进行资讯整合,掌握确保新闻真实性的法律依据,防止出现违背传播动机的负面效应和法律风险,进而提高新闻传播的价值和效率。

辨别、整合能力的培养非一日之功,没有捷径,要依靠长期的新闻历练,特别是组织、参与重大战役性报道及突发新闻事件直播的经验。

5. 熟悉不同思维方式、善于融合不同文化的能力

融媒时代,新闻传播要强化用户意识,切实施行以用户为中心的理念。为此,传播者必须熟悉、适应并采用不同思维方式进行跨文化传播,擅长在新闻现场即兴分析点评新闻事件及其新闻背景,从而增加新闻可信度和传播价值。能否发表独特而有见地的观点,是否与不同思维方式、不同文化的人群进行有针对性的交流与沟通,直接关系到所在媒体传媒产品的影响力和公信力。这一能力培养要注重互联网新闻传播规律的教育教学,引导启发学生增强全球化思维,创新东西方文化交流策略。

6. 发掘大数据和(移动)互联网编程技术的应用能力

在融媒时代,为适应多渠道、多平台传播新闻资讯的要求,记者编辑在新闻现场要利用自己所掌握的(移动)互联网编程技术,将所收集到的新闻素材加工编辑成新闻,尽快在多个传播渠道上发布。这是互联网时代对记者编辑的新要求。当下,媒体机构非常欠缺有互联网编程技术的记者编辑。我们要着力引导学生学习、应用互联网,增强其运用互联网

编程技术生产传播新闻的能力。"当今时代,技术发展日新月异,诸多技术都可以应用在人才培养中,为促进学生的学习提供更为有效的支持。教育技术的一个核心和持久问题是,为了适应和支持个体的不同教育目标和学习能力,而规划并提供教学环境与条件。"随着社交媒体编辑、数据新闻编辑、互动数据记者、协同过滤推送编辑等岗位员工的需求越来越多、越来越迫切,高校新闻传播专业开设"新闻采编大数据分析""视听传播技术"等课程变得尤为必要。教师要想方设法引导、培养学生将采编报道的艺术与更精准、更先进的研究方法、生产传播新手段结合起来的能力。

没有数据思维,不会利用数据开掘资源,其生产的新闻产品将越来越主观臆断、肤浅琐碎,因此,我们要将数据思维贯穿于新闻生产传播学习与实践的全过程。

7.批评和自我反省能力

批评与自我反省能力的培养常常被忽视。能不能、是否善于批评与自我反省考量的是一个记者编辑的情商智商。对他人的传媒产品没有批评的能力,对自己的产品没有批评的态度和自觉,创意创新将成为空谈。不断进行批评与自我反省,才能持续增强融媒体产品的研发能力。每创办一个新栏目,每组织策划一场大型新闻直播或设计、生产一个移动直播的新闻产品,从业者都需要反复"实验"。"实验"时,主创人员要聚焦在一起开展头脑风暴,反复学习、分析别人成功与失败的经验与教训,剖析其原因;反思反省自己过往新闻实践的得与失,找准问题,挖透根源;捕捉国内外有关新闻产品生产传播创新的趋势;仔细研究用户的消费特征和消费习惯;预判可能的传播效应与营运效益。

8.全媒体运营能力

创意创新型新闻传播人才还要有全媒体融合运营能力。他们对所负责的新闻产品进行市场调研、分析,及时收集、反馈用户消费信息,明晰用户需求,提出设计、开发、包装、渠道、推送等意见,优化产品组合、开拓融合传播模式、设计融合营销方案、不断提升产品价值。

以上八个方面是融产品研发运营必备的能力。我们要切实重视在传媒教育教学的各环节着力培养学生的上述能力,落实落细学生能力具象化的各项措施。

融媒时代传媒院校亟待在师资队伍建设、课程设计、能力素质培养、应用实践磨炼等方面进行全方位的改革创新。以融合与创新为核心价值、目标诉求和方向抉择才能将学生培养成新技术环境下能向用户提供更有创意、更新融产品、更好新闻内容、更有价值的为社会所亟须的新闻传播人才。

第六章 融媒体时代新闻传播创新发展探索

第一节 区域化新型媒体集团的
战略构想与实现路径

在互联网新媒体的强大冲击和经济深度调整的背景下,大量地方性媒体接连爆出了生存危机。摆在这类媒体面前的,难道只有衰落甚至是倒闭?笔者认为,在中国特有的媒体管理体制下,地方性媒体还有借助国家战略实现逆转的可能。这个可能性就在于通过迅速地行动争当国家战略标兵,争取国家战略资源的支持,从而实现绝地反击。

一、命题的提出

在互联网新媒体和经济"新常态"的双重冲击下,传统媒体正在遭遇前所未有的竞争压力和生存挑战。这从传统媒体赖以生存的核心商业模式——广告市场的变动情况可以略知一二。

2019年9月,CTR洞察高峰论坛在北上广三地举办,央视市场研究(CTR)总经理助理、媒介智讯总经理、CTR媒体融合研究院执行副院长赵梅发布了题为《2019,透过中国广告看市场》的主题报告,深入解读2019年中国广告市场趋势。根据CTR媒介智讯监测数据显示,2019上半年中国广告刊例花费同比下降8.8%。每一个媒体都不轻松,传统媒体方面,电视广告刊例花费下降12.4%,广播下降了9.7%,传统户外下降了18.9%;新媒体方面,一直以来"高歌猛进"的新媒体,今年无论是电梯电视、电梯海报,还是影院视频,广告刊例花费都已经从两位数的增长变为了一位数的增长,互联网方面也下降了4.3%。

由于传统媒体在我国政治语境种所具有的"宣传意识形态"和"社会管理沟通"职能,传统媒体的生存态势和发展趋势早在数年前便已进入最高决策层的战略规划视野。2014年8月,习近平总书记在中央全面深化改革领导小组第四次会议上首次提出"新型媒体集团"这一战略命题,并为这一战略设定了清晰的目标,即"着力打造一批形态多样的新型主流媒体"。自此以后,不仅理论界提出了各种理论对策,各传统主流媒体也纷纷展开了探索行动,并在中央主流媒体层面涌现出了一批实践亮点。

但在这样的理论和实践热潮中,却缺失了中国传统媒体版图中一个重要的部门——地方媒体。受到地方经济发展和人力资源储备的约束,地方传统媒体受到新媒体冲击最为严重,逐渐成为生存问题最为严峻的群体。同时,以区域化生存和发展为定位的地方传统媒体是中国传统媒体生态中一个极为重要的主体,在区域经济发展和地方行政治理中有着不可或缺的独特作用。因此,就我国媒体格局和舆论治理需要来讲,在关于"新型媒体集团"的理论关照和实践探索中,不应该仅限于中央级全国性媒体,而应该将区域性地方传统媒体纳入其中。

(一)对中央命题的地方回应和区域探索

打造标志性区域化新型媒体集团是对中央命题的地方回应和区域探索。重大战略命题从提出到达成之间最关键的环节就在于标杆性、引领性个案的打造,以及在此基础之上的模式化提炼。对于各级地方性传统主流媒体来说,尽快基于区域实际打造具备标志意义和推广价值的区域化新型媒体集团,是抓住战略机遇争取发展资源和发展空间的必然要求。在基于互联网的新媒体步步紧逼和经济深度调整的"新常态"下,紧紧把握这次行政资源和市场资源重新分配的历史机遇,迅速谋划基于自身资源、地缘区位特征、区域市场特点的融合,以及传统媒体与新兴媒体的区域化新型媒体集团的建设之道,是地方性主流媒体以创新性、标志性、特色化的架构设计,树立示范模式,实现绝地反击,在未来新型媒体集团版图中占据一席之地的必然要求。

(二)促进传统媒体转型升级的实际措施和具体方式

打造标志性区域化新型媒体集团是推动传统媒体与新兴媒体融合发展,促进传统媒体转型升级的实际措施和具体方式。

传统媒体与新兴媒体的融合发展,是互联网时代不可逆转的趋势,转型升级是传统媒体生存与发展的必需。这一方面反映了互联网新媒体的迅速发展对传统媒体造成的巨大竞争压力,另一方面也预示了互联网新技术作为一种强大的工具为传统媒体转型升级开启了巨大可能性。"新型媒体集团"战略的提出为融合发展与转型升级这一对概念的实现指明了具体手段和措施,是将以往在"传统媒体转型升级"和"媒体融合发展"上的泛泛而谈转变为具体项目;将以往对"传统媒体转型升级"和"媒体融合发展"上的亮点个案进行事后分析总结转变为前瞻性的事前规划,完成从宏观到微观、从理论到实践的转化。

对于地方性传统媒体来说,以建设"标志性区域化新型媒体集团"来对国家战略命题进行积极、创新的响应,是搭载国家战略快车,加速传媒产业融合发展与转型升级的历史抉择,即通过富有标志意义和示范效应的架构设计与后续运作,证明自身探索的模式化意义。在有效性和可推广性的基础上,获得国家战略资源的支持,从而实现传媒业的整体飞跃。

（三）推动地方文化产业规模化、集约化的有力手段

打造标志性区域化新型媒体集团是推动地方文化产业规模化、集约化的有力手段。经过多年努力,地方性文化产业获得了令人瞩目的特色化发展,但目前"小、散、乱"的产业格局,却是阻碍大多数地方文化产业进一步提升的主要障碍。从全球文化产业的实践经验来看,最具有规模化、集中化形态的产业门类就是传媒,发展传媒产业是改进地方文化产业整体规模和产值偏弱的有效方式。打造"标志性区域化新型媒体集团"是以战略规划驱动项目落地的方式推动地方性文化产业规模化发展。

二、战略要点

"打造标志性区域化新型媒体集团"是复杂的实践活动,必须以科学、系统的战略规划来提升实践的有效性,规避操作风险。具体来讲,需要进行以下三个环节的关键战略规划。

第一,运营主体架构设计。规划设计能够高效整合特定区域内的优势传统媒体资源,形成跨媒介、跨单位的一体化新型媒体集团运营主体。以体制改革和机制创新为方向,突破传统按照媒体属性划分的行政管理藩篱,架构适应新媒体时代多形态媒体协同发展,统摄新型媒体集团业务的一体化运营主体。其重点在于规划运营主体的组织结构、管理体制和运作机制。

第二，媒体形态与产品形式规划。在统筹互联网时代，在受众媒体接触习惯和接触行为变迁、地方性优势传统媒体资源和区域市场态势的基础上，构建具有传播影响力、舆论把控力和市场竞争力的媒体形态和产品形式。其重点在于以立体传播、形态多样为导向，面向互联网和移动互联网进行数字化媒体形式的选择和产品开发，融合传统优势媒体形态和内容优势，形成全媒体、全感官的媒体形态布局。

第三，内容制造模式设计。根据规划的媒体形态和产品形式，设计相匹配的内容制造模式及流程。在传统媒体专业内容制造的基础上，以强化互动性和参与性为目标，研发、植入UGCC（用户生产内容）和PUGC（专业用户生产内容）等新型内容制造模式。通过创新内容制造模式构建内容生态系统，推动新型媒体集团走向平台化。

第四，商业模式规划。规划基于新型媒体形态的广告产品形式及其价值模式。同时，规划设计基于新内容架构和传播模式的创新型盈利模式，发挥媒体功能构建基于区域化综合生活消费的O2O型盈利模式。

三、融合——战略的实施路径

建设标志性区域化新型媒体集团的本质是立足传统地方性媒体的特点和优势完成转型升级，实现从旧世界向新世界的迁移，而其中的关键则在于找准实现路径。融合运用互联网新媒体就是搭载传统媒体驶向新生和蜕变的"船票"，是新旧世界之间的连接器。作为转型最可行的执行立足点，互联网新媒体的融合运用能协助地方传统媒体完成"价值模式转型"和"盈利模式升级"这两个核心命题，从而迈向标志性区域化的新型媒体集团[①]。

（一）价值模式的转型

传统媒体的价值生产模式是分离式的注意力制造及其价值实现。该模式的立足点在于市场经济主体（企业、品牌）在营销活动过程中的信息

①郭鹏雁，马冬. 融媒体时代新闻标题传播特色及效果分析[J]. 西部广播电视,2020(11):42-43.

传播需求。基于此,媒体通过专业化的内容生产(新闻、娱乐、体育等)和内容传递(发行、传输)获得了受众的注意力,再通过广告产品开发和销售这一注意力资源的价值实现方式,将受众的注意力资源转卖给广告主。这个价值生产流程由两个相对独立的环节构成,即"内容制造"和"二次销售"。然而,互联网对媒体生态、社会行为方式的重塑使得传统媒体价值生成模式被逐步解构。

第一,注意力的获取方式面临危机。互联网迅速释放了媒体的种类和数量,受众能够接触的内容渠道从传统媒体时代的稀缺转瞬变为过剩,使传统媒体获得规模化注意力(具备广告价值)变得越来越困难。更深层次的原因在于,社交网络的媒体化改变了传统金字塔式信息传播方式,使社会化内容制造和信息传播成为可能。"所有人对所有人的传播"渐成主流,传统媒体内容捕获影响力的能力逐渐式微。这是因为传统封闭化制造的内容,其生产过程与受众分离的特质(即我播你看)对互联网时代参与热情和参与能力高涨的信息消费者的吸引力持续下降。传统上媒体专注内容制造就能获得影响力的必然性被打破。

第二,是注意力的价值实现机制遭遇解构。作为媒体价值源头的消费者,其品牌认知模式和消费决策模式,开始从工业时代基于固化记忆的线性活动转向互联网时代基于动态情景下的情感连接和情绪打动模式。这一转变放大了传统媒体价值生产模式中注意力生产与其价值实现之间的"价值流失"现象,甚至,使传统媒体价值生产模式面临整体被解构的风险。在传统的"二次销售"模式中,媒体生产的注意力是指向内容的,而广告在将注意力资源转化为媒体产品的过程中,实际上造成了对受众内容消费行为本身的干扰和打断,这就是传统媒体价值生产中的"价值流失"。在互联网时代,随着"受众"向"用户"转化过程的深入,用户信息能力和信息主体意识急剧提升,用户更倾向于,也更有能力规避这种"插入式"广告。这使得简单依附于媒体内容的广告连同其"浅表触达""粗暴覆盖"的传播模式,越来越难以发挥影响用户的功能而难于匹配企业和品牌的传播需求。

互联网新媒体的融合运用是通过以下两个步骤促进传统媒体进行价

值生成模式的转型。

第一，导流与转化。建设互联网新媒体产品或者平台，通过传统媒体基于存量影响力的号召与吸引，将传统的受众导流进入互联网新媒体；再通过持续化的运营，将传统媒体的受众转化为用户；将传统以收视听率为计量的注意力，转化为流量这种更为精准和主动的"互动关系"。在这种互动关系中，内容与内容消费者之间不再是线性的主客体关系，而成为拥有社交结构的网络互动模式。内容制造和影响力获得不再是相互分离的两个环节，而成为相互渗透的统一体，内容消费者深度介入内容生产，内容生产过程本身就具备了影响力生产功能，内容生产和影响力生产融合统一。

第二，聚合与黏化。互联网新媒体运营的长期目标在于，通过对用户兴趣的了解和引导，持续优化提升内容生产的方向和质量。同时，激发经由导流和转化而来的首批种子用户的扩散和聚合作用，形成以媒体内容为核心的社交化圈层，并持续扩展和活跃互动，形成兴趣指向清晰（聚焦媒体内容）、黏着活跃度高的网络社群。这种结合社交化传播结构的社群能够突破传统内容与内容消费者之间"广播式"的浅表接触和覆盖，使注意力资源不再表现为"传递—反馈"的机械式互动，而转化为基于用户深度参与的持续性互动。

互联网新媒体的融合运用，能够通过以上功能的实现，构建以内容为连接指向的社群。它将传统的内容从一个被消费的客体，转化为与用户交互的载体，突破内容生产过程的封闭，将其转变为用户的参与过程。这使得注意力不再单纯是内容所要争取的客体，而转变成为了以流量形态参与内容制造的"生产要素"，从而突破了内容制造及其价值实现的分离，实现注意力制造及其价值实现的融合和统一。这从用户参与和黏性的角度解决了传统内容难以捕捉互联网时代注意力的问题，为媒体提供了更为精准和稳定的注意力资源，并使该资源可转化性大大提高，以此实现价值模式的转型。

（二）盈利模式升级再造

基于内容社群这一资源平台，区域性传统媒体能够突破传统插人式、广播型广告的限制,摆脱对传统广告业务的依赖,深入区域经济交易环节,实施盈利模式的升级。

第一,借助互联网新媒体的社群兴趣焦点并将其融入媒体内容制造进程,可以将营销传播信息融于媒体内容和用户互动过程之中,实现内容营销(即营销信息的内容化),在规避价值流失的同时完成了广告本质的转换和回归。它使广告从传统媒体的打扰式信息回归其对用户有价值的"经济信息"本质,构建用户在深度信息互动基础上的社群化品牌认知及购买决策模式,从而优化媒体对品牌和企业营销传播需求的响应能力。

第二,依托互联网新媒体平台以媒体内容为吸引力和驱动力进行社群运营,在激发、引导用户兴趣焦点的信息传播活动中,发现社群型产品的导入机会,特别是通过媒体内容要素的人格化转化(如主播、主笔、幕后团队的人格化开发)建立媒体的"人格化"影响力,逐步导入符合社群特征的产品,依托媒体内容和公众号运营,建立品销一体化的闭环销售模式。通过销售分账等形式与品牌合作方建立销售型盈利模式,从而深入区域经济交易环节,深耕区域经济。

除了依托用户社群建立"市场孵化器"功能,为合作品牌提供品销合一的解决方案之外,区域性媒体还能依靠专业性内容建立垂直于专业市场的圈层资源整合平台。通过专业媒体内容与线下沙龙结合的O2O模式,打造行业资源精准匹配平台,开拓项目融资、人才猎头、管理咨询等增值盈利模式。

第二节 新闻传播模式的不断改进和创新

随着新技术的发展,我国的媒体行业也在不断地创新中,由于融媒体技术的应用对于新闻传播行业的影响非常大。为了确保新闻传播行业的全面发展与高效运转,在发展的过程中需要加强传播模式的创新,从而确保新闻传播的使用效率与及时性,提高新闻传播的质量,为新闻行业的长远发展提供推动力量。本节主要针对的是融媒体时代背景下新闻传播的特点进行介绍，从而阐述新闻传播模式的创新方法。

融媒体时代，新闻传播在内容、手段等方面都发生了较大的变化，也因此有效地增强了新闻传播效果。在新的环境中，为了获得更好的新闻传播效果，做好模式创新工作十分关键。

一、概述

进入21世纪以来，我国科学技术和信息技术取得了极大的发展和进步，在很大程度上改变了人民群众的日常生产和生活，特别是人们接收和传播资讯方面更是发生了翻天覆地般的变化。人们通过手机、计算机等移动端就可以随时随地接收和传播消息，这种局面的出现对我国的传统新闻传播造成了极大地冲击。因此，新闻传播要想最大程度地适应时代的需求，就必须要与时俱进，发展融媒体背景下全新的新闻传播模式。

目前，我们正处于融媒体环境当中，人们在新闻获取的便利性方面相比以往获得了较大的提升。在新的发展环境中，新闻在采写当中需要能够积极做好模式创新，保证在新环境中始终保持良好的活力。

近些年，我国的科学技术与信息技术得到了高速的发展，也给人们的生活与工作方式带来了很大的变化。人们可以通过使用计算机、手机以及相关终端设备搜索到最新的新闻资讯，从而掌握社会发展的最新动态。这样的信息传播方式逐渐的取代了传统的新闻传播路径，不再局限于电视、电脑等传统设备。所以，为了促进融媒体环境下新闻传播工作的稳定、有序、及时进行，就要发挥融媒体的绝对优势，追随社会的发展步伐，有针对性的创新新闻传播的路径，确保新闻传播朝着智能化、多样化、人性化的方向发展。

二、融媒体时代背景下新闻传播的特征

（一）时效性明显增强，全时性特征明显

在新闻传播的过程中，时效性是最重要的要求与特点。在传统的媒体发展背景下，群众只能通过报纸、电视获取新闻信息，导致电视的新闻的时效性受到影响，由于其报道的内容一般会处于过期的状态，很难达

到时效性的要求。另外,从传统的新闻传播模式来看,大多都是通过报纸等纸质形式进行传播的,报纸这种新闻的载体由于受到文字数量以及版面的影响,报纸的信息收集、编纂、排版以及印刷都会消耗相对较多的时间,在很大程度上降低了新闻传播的时效性,所以很难在第一时间让群众了解新闻事件。随着融媒体时代的到来,人们可以通过手机、电脑在微博、公众号等相关的软件上及时、准确的了解更多的新闻内容,从而提高了新闻的时效性。

近年来,我国逐渐步入了融媒体时代,广播、电视以及其他互联网平台已经逐渐的取代了报纸等纸质的传统媒体形式,人们通过广播、电视和互联网就可以随时随地、全天候、24小时的观看和查询相应的新闻资讯,同时还可以对新闻事件的后续发展进行持续的跟踪,极大地提高了新闻传播的时效性,同时也赋予了新闻传播全时性的特征[①]。

(二)数字化趋势明显

从传统的新闻传播内容来说,大多都是由大量的文字和少量的图片构成的,在一定程度上满足了人们的需求。但是随着时代的发展和科技的进步,传统的新闻内容已经无法充分满足人民对于新闻资讯的需求。在融媒体时代中,也赋予了新闻传播更为丰富多彩的形式和内容,如声音、视频等影像资料融入等。

除此之外,新闻传播的媒介也发生了极大的改变,由传统的广播、电视、收音机等逐渐发展成为计算机、手机等即时通讯产品,使得融媒体时代下新闻传播的数字化趋势愈发明显。

(三)互动性明显增强

从传统新闻传播的角度来看,其也能够在一定程度上实现一定的互动性,但是大多使用的都是信件、电话等方式,效果差且周期相对较长。故而在传统媒体发展背景下,人们为了想要全面的掌握新闻事件,都是经过单向的信息传播方式,并且是一种被动的接受方式,因此媒体的影

---

①庞晓虹. 融媒体新闻生产的实践思考[J]. 宁波大学学报(人文科学版),2020,33(05):125-132.

响力就会大大地降低。

在融媒体时代下,越来越多的即时通讯设备和互联网平台大量涌现,如手机、电脑、微博等,人们通过这些可以针对新闻事件即时进行转发和评论,既尊重了我国公民的知情权,有利于人民群众第一时间获取新闻资讯,同时还在很大程度上保障了我国公民的言论自由权,通过针对新闻事件的评论,我国政府可以在很大程度上了解和掌握民意,有利于我国社会的和谐与稳定。新技术的应用,让群众对新闻信息的接受逐渐地改变被动的模式,可以主动地接受信息,并且根据自身的喜好进行合理的筛选。通过主动地阅读新闻信息还可以加强新闻传播的效率与新闻信息的使用范围。

(四)新闻传播主体呈现出多样性趋势

在传统的媒体时代中,新闻传播的主题基本上都是新闻编辑和记者,但是自从我国步入了新媒体时代,每一位公民都可以通过手机、电脑等设备来记录、传播和评论相关的新闻事件,由此可见,融媒体时代下的新闻传播主体已经由记者和编辑发展成为了每一个人。不仅有利于新闻制造和传播成本的降低,同时也使得新闻的真实性显著增强,更重要的是可以有效减轻新闻记者和编辑的工作复杂度,使其可以针对更有价值的新闻展开更有针对性、更深层次的跟踪和报道,提高了我国新闻的整体质量和深度。

(五)全媒体化趋势突出

融媒体时代新闻传播媒体的全媒体化主要体现在以下两个方面,具体内容如下。

第一,新闻传播形式的全媒体化。融媒体时代的新闻传播已经由传统的大量文字加少量图片的主要内容向着文字、图片、音频、视频等资料相互融合的形式转变,增加了新闻的趣味性以及吸引力,有利于新闻传播的进一步发展。

第二,新闻传播介质的全媒体化。传统的新闻传播媒介主要为报纸、电视等方式,步入融媒体时代一来,我国的新闻传播媒介愈发丰富,例如手机、电脑等都成为了新闻传播的媒介之一,不仅在很大程度上丰富了新闻传播和阅读的渠道,同时也促进了人民新闻阅读方式的转变。

（六）具有较高的风险性

在我国融媒体的背景下,新闻传播的方式存在很大的风险性系数。由于网络信息可以实现共享性、开放性与公开性,因此在新闻传播的过程中就会受到不同地区风俗习惯以及文化背景的影响。很多的群众通过搜索之后找到自己喜欢的新闻内容,然后通过网络进行相互的交流。这样就会增强信息的传播速度与效率。同时还可以加强人们对实时新闻的了解。另外,因为网络信息具有加高的覆盖率,同时网络的共享性给一些违法人员进行违法犯罪活动提供了一定的便利,他们会在网络上发布一些虚假的、不良的新闻信息,如果人们接收到这些信息就会产生错误的认识,甚至造成违法的行为。为了防止这一问题的发生,我国针对不良信息的打击力度在不断地提高,从而降低了网络信息的不良风险。

三、融媒体时代下的新闻传播模式创新的必要性和重要性

（一）融媒体时代下的新闻传播模式创新的必要性

融媒体时代下,人们对于网络的依赖度日益提升,传统的新闻方式无法满足受众的需求,融媒体作为新闻传播介质能实时给传播中受众提供更多及时更新的新闻内容,传播新闻的速度更快捷,因此新闻传播模式创新势在必行,只有这样才能满足受众在短时间内获取自己感兴趣的新闻信息的需求,更好地适应融媒体时代新闻传播新变化和新要求。

（二）融媒体时代下的新闻传播模式创新的重要性

当今时代,新兴媒体技术大力发展,人们开始热衷于追求新闻传播的全时性,网络信息的膨胀与传播体现了新闻传播全时性的重要性与必要性。在融媒体时代加强新闻传播模式创新,能够满足人民群众全时性新闻信息的接收需求,能够对传统新闻模式所缺乏的全时性这一问题进行补充与改进;同时融媒体时代的新闻传播需要更加具有时效性和互动性,这就必须创新新闻传播模式才能适应这样的变化。

四、融媒体时代下的新闻传播模式创新的影响因素

融媒体时代下的新闻传播模式创新受到各种因素的影响,主要包括意识观念因素、技术因素、人员因素等。

(一)意识观念因素

融媒体时代的新闻传播模式创新,需要相关的工作者具有创新意识、强烈的社会责任心和职业道德,能够对新闻传播方式和新闻传播内容创新,发挥融媒体在新闻传播过程中的作用。

(二)技术因素

在融媒体时代,新闻传播方式需要结合新的技术进行创新,比如在新闻传播过程中运用动画技术、融媒体技术等,增强新闻传播的生动性,增强新闻传播的实效性,丰富新闻传播的表达形式等。

(三)人员因素

在融媒体时代,新闻传播模式的创新离不开人力资源,具有创新意识,具有融媒体技术能力的新闻人才,才能够更好地利用融媒体进行新闻传播,才能完成融媒体时代下的新闻传播模式的创新发展。

五、融媒体时代新闻模式创新

(一)适应群众阅读习惯

立足于群众阅读习惯,吸引受众,为新闻传播模式的创新奠定受众基础。进入21世纪以来,信息技术和互联网技术发展十分迅速,在很大程度上改变了人民群众阅读的习惯,同时新闻传播的手段和方法也发生了翻天覆地的变化。

同时,随着我国经济全球化以及我国社会主义市场经济体制改革的深入发展,我国各行各业面临的市场竞争愈发激烈,为了生活和发展的需要,人们不得不进行快节奏的生活,由此导致了人民群众在接收和浏览新闻消息时通常会拒绝或屏蔽自身不感兴趣或者是枯燥乏味的信息咨询。因此,这就要求新闻媒体在进行新闻设计和传播的过程中,要立足于人民群众的实际需求和阅读习惯,只有这样才可以达到吸引受众的目的。

除此之外,还要求相关部门对新闻类型和内容进行科学合理的分类,并通过调研和分析得出人民群众更喜欢、更容易接受的新闻类型和新闻内容,着重打造这方面的新闻传播,切实满足人民群众的新闻诉求,进而为我国新闻传播模式的创新奠定充实的受众基础。

(二)深度挖掘新闻价值

进一步挖掘新闻的深度和价值,为新闻传播模式的创新奠定内容基础。进入21世纪以来,大量新型媒体不断出现,新闻传播的互动性和时效性得到了大幅度的加强,在此背景下,各式各样的新闻层出不穷,其中固然存在一部分具有一定价值和研究意义的新闻,但是更多的是缺失毫无深度和价值的新闻信息,不仅降低了新闻传播的质量和水平,严重时甚至会造成一些不良信息的大肆传播,影响到了我国社会的和谐与稳定。

对于融媒体时代的新闻传播来说,要真正重视起新闻自身的质量和水平,不仅要提升新闻的深度,同时也要挖掘新闻内在的价值,为新闻传播模式的创新发展提供既有价值又有深度的新闻内容。

(三)充分利用科学技术

充分利用现代科学基础,为新闻传播模式的创新提供技术支撑。与现代新闻传播技术相比,传统的新闻传播技术不仅传输速率慢、传输数量少,同时时效性也相对较差,但是对于新闻传播来说,其最大的价值就在于第一时间掌握第一手资料,即对时效性的要求相对较高。而在融媒体时代中,现代化科学技术和信息技术高度发展,各式各样的便携式移动设备层出不穷,在很大程度上改变了新闻的传播方式,每个人都可以通过手机、平板、电脑等设备来进行新闻的创作、传播、转发以及评论,赋予了新闻更强的时效性。与此同时,网络上也涌现了诸多的新闻媒体平台,如微博、微信、直播平台、全媒体以及自媒体平台等。

从目前的情况来看,我国新闻传播的媒介中最具代表性的媒介形式就是自媒体,其不仅可以在很大程度上提高新闻的时效性和互动性,同时还可以充分利用自媒体平台新闻直播的形式赋予新闻更强大的亲民属性,有利于人们快节奏生活压力的减轻和缓解。由上我们可以看出,现代科学技术和信息技术的高度发展促进了全新新闻媒介的产生,为新闻传播模式的创新提供了畅通的渠道和平台,极大地促进了我国新闻传播模式的创新发展。

（四）必须保证新闻价值

在融媒体时代，同质化是新闻内容存在的主要问题。为了能够吸引人们的眼球，部分新闻平台经常会报道一些信息失真、内容夸张的新闻，这对新闻事业的健康发展有严重的影响。在新的环境中，要想继续保持新闻传播的健康性以及可持续性，就需要能够在坚定立场的情况下，对具有现实意义、有深度的新闻进行报道。

记者编辑需要具有良好的新闻挖掘能力，多报道一些同国家发展、大众生活具有密切关系的新闻，避免出现盲目追新求奇的情况。同时，新闻报道也需要能够同社会的主流价值观相符合，以客观的方式向受众做好真实社会生活的呈现，以此帮助受众在对现实情况有良好感受的基础上，能够充分体会生活的美好。同时，记者也需要加强监督报道新闻事件的处理情况，通过该方式使相关法律法规政策具有不断完善的特点。

（五）坚持报道的真实性

在新闻报道中，真实性是重要的属性。在融媒体时代，信息内容的主导者发生了一定的变化，即从之前传统媒体实现对个人的转变，在社会化媒体发展中也生成了较多由用户产生的内容。自媒体具有快速的发展速度，在大数据、LBS（基于位置的服务）、云媒体等技术不断推广的情况下，移动新媒体技术在发展中突破了瓶颈期，形成了较多模式创新。但同新媒体相比，传统媒体在新闻的公信力、权威性方面还是具有明显的优势。在面对新闻信息时，人们还是更愿意接受由传统媒体传送出的内容，而对于新媒体平台推送的内容在真实性方面还具有质疑，这也同新媒体自身的弊端与不足有联系。

在新的发展环境中，传统媒体既需要发挥好自身的优势，又需要对先进的新媒体技术进行积极的吸纳，以此实现新闻的长效健康发展。在新媒体新闻方面，也需要在现有的基础上积极进行改进，保证相关新闻内容具有可靠、真实的特点，更好地赢得社会群众的信任。

（六）新闻报道同自媒体融合

在现今的网络当中，自媒体是群众追求娱乐的新平台。在制作作品后，自媒体人即能够将其上传到网络平台。作品内容类型有很多，包括原创音乐、文章以及绘画作品等,以此达到强化播出效果、提升网络点击率的目的。作为新闻媒体人,其在实际开展新闻报道时,则可以对自媒体的传播方式进行充分借鉴,积极跟踪报道具有现实意义的新闻,在有效提升大众关注度的情况下,充分发挥新闻的价值。

以"三联生活周刊"微信公众号为例,其有商业、农业、社会生活、艺术与科技等板块,具有丰富的内容,以严谨科学的态度报道新闻,并因此受到了大众的推崇与喜爱。在融媒体时代,要想更好地体现新闻传播当中的互动性,则需要充分融合新闻报道与自媒体形式,可以在新闻报道中做好新媒体板块的构建,聘请专业新闻编辑对具有价值的新闻进行持续跟踪报道等。对于新闻的发布人,也可以进行适当的奖励,使社会大众能够积极地参与到新闻报道实践中。

(七)提升传播互动性

以电视新闻为例,因受到实际播放形式的限制,其很难实现双向互动,通常都仅仅处于单向传播的状态。该情况的存在,很难调动观众参与的积极性,也会影响新闻传播的效果。对于这种情况,电视新闻可以通过多种方式获得受众的意见,如提供短信平台、信息互动平台以及留言板等,通过这些平台的提供使受众从之前的被动观看向主动参与方向转变。

对于融媒体新闻来说,其自身具有较好的互动性,在此基础上可以进行进一步的突破,如可以开展互动环境净化、互动平台优化以及互动信息整理,以此为基础更好地开展相关传播活动。

(八)加强监督管理

融媒体的出现,对整个新闻传播来说具有双方面的影响。一方面,融媒体对原有新闻传播的形式、内容起到了积极的丰富作用,获得了更好的传播效果,使新闻传播因此有了更大的影响力。另一方面,融媒体也使原本具有稳定特征的新闻环境变得更为混乱,如果没有做好管理,则很可能因此存在失控情况。对于这种情况,政府部门需要做好网络环境的管理工作,通过外部力量实现对网络行为的约束,使受众能够在法律法规约束下有效地行使自身权利。在网络媒体环境中,青年人可以说是最大的受众群体,其在心理成熟性、自控力方面还存在不足,在面对虚假信息时,无法做出正确的判断。对此,相关部门需要加强日常监管,最大程度降低对受众的误导。

(九)优化阅读方式

在社会不断发展的过程中,人们有了更大的工作压力,应用在新闻阅读中的时间十分有限。同时,在融媒体时代,具有较大的信息量,在该情况下,帮助受众在最短的时间获得新闻内容则成为非常重要的一项工作。具体方式可以根据不同标准做好新闻内容的分类工作,如生活、时尚、科技以及军事类,以此同受众个性化阅览需求相适应。另外,要对受众的意见进行收集,积极做好对应的分类整理工作,向受众做好所需阅览内容的推广工作。

(十)注重群众对新闻事件的正确认识

当前,由于我国社会经济的高速发展,人们对新闻事件的接受方式与传播路径逐渐的多样化发展,为了可以及时的看懂新闻内容就需要新闻简短、易懂。同时也由传统的被动接收方式转变为主动了解新闻信息。为了满足更多群众对新闻事件的使用要求,规范人们对新闻事件的正确认识,就需要新闻传播行业将新闻的传播与新媒体进行融合,不断地创新传播的方式,将提高新闻内容的简洁性。另外,新闻传播行业还要通过科学的分类与处理整理好新闻事件的内容,从而吸引更多的使用者,赢得群众的信赖与喜爱。

(十一)充分利用融媒体优势

随着融媒体时代的到来,人人都可能成为新闻的发布者和传播者,新闻传播方式产生巨大的变化,传统的广播电视新闻无法适应融媒体时代新闻发展的趋势和新要求,传统新闻媒体需要转变理念,注重从创新出发,加快向新兴媒体战略转型,利用融媒体的优势,创做出有质感、有温度,贴近于生活,源于生活的新闻作品,才能收到广大群众的持续关注,让在融媒体时代下的新闻发展具有可持续发展的活力。

在融媒体时代,新闻需要融合手机电视、手机 APP、有线电视、网络、IPTV 等传播平台,利用微信、微博、网络社区论坛、新闻网站等多元化媒介,构建新闻传播新模型,实现新闻传播媒介深度有效地融合发展。

五、小结

通过对融媒体时代背景下新闻传播的模式创新的研究,可以明确的是,在实际新闻传播中,相关媒体需要充分把握融媒体环境特点,以模式创新的应用不断提升新闻水平。融媒体环境的发展给我国的新闻传播企业带来了很大的影响,其传播的路径呈现多元化的发展,这为我国广大的群众提供了更多的新闻接受条件,因此受到群众的重视。在融媒体环境下新闻的传播模式也要不断地创新,将传播内容更加的多样化与丰富化,满足人们的使用需求。另外,还要加强对新闻传播的监督与管理,提高融媒体环境下新闻传播事业的健康发展。

在融媒体时代背景下,随着科学技术的不断发展以及信息技术的普及和应用,人民群众的阅读方式和习惯发生了极大的改变,而新闻传播涌现了诸多的新特征,例如时效性和全时性、互动性、数字化、全媒体化以及传播媒体多样化等。因此,要想从真正意义上实现融媒体时代下新闻传播模式的创新,就必须要充分把握和了解新闻传播的新特征,在充分了解人们新闻诉求的基础上开展相关的工作,有利于实现在保证新闻传播质量和水平的前提下,提高和创新新闻传播模式创新的目标。

第三节 未来新闻编辑部的三种形态构建

新媒体的出现给传统媒体带来了前所未有的冲击,具体表现为传统报业的倒闭或转型、传统新闻从业者集体出走或跳槽。有学者认为,新媒体(或网络媒体)才是新闻行业的未来,传统新闻行业,如报纸和电视,不转型将会灭亡。本节在整个传媒行业复杂多变的环境下,通过对传统媒体与新媒体的研究,以国外成功案例为借鉴,结合我国的传媒行业的实际情况,就未来中国新闻编辑部的发展方向进行深入探讨,并就目前的中国传媒行业已具备的基本条件提出三种科研设想,即未来新闻编辑部的三种形态:多媒体新闻室、机器人记者室和新闻众筹室。

在传统的新闻编辑部,职业的新闻记者作为新闻的主要生产者,通过召开记者编前会、外出采编等工作后,将新闻素材经过整理编辑成文,再通过新闻编辑的层层把关,新闻最终才得以呈现在大众眼前。在报社,记者写稿、编辑审稿、美工排版、机器印刷;在电视台,记者拍摄、撰稿、剪辑、合成新闻,这是传统新闻编辑部的日常写照。然而当新媒体逐步影响和渗透到传统媒体的各个方面时,首先改变的是传统媒体的运作方式。网络的快速便捷、题材的丰富多样,传者与受者关系的模糊与共存,使记者的职业性逐步弱化。新闻编辑室的形态也在发生变化,传统媒体将迎来一场全新的变革。在此特殊的背景和环境下,传统媒体不得不寻求新的出路,开始探寻媒介融合的创新性举措。西方国家是媒介融合的先行者,最先进行的是传统媒体的网报改革。例如,《纽约时报》《华尔街日报》的报网合一。中国的新闻媒体在不断地借鉴西方成功经验,探索属于自己的中国化媒体发展之路。例如,《人民日报》也开始打造报网一体的模式,其微博运营在新媒体中有很好的反响。因此,中国的新闻媒体在转型和改革的道路上将如何发展? 未来的新闻编辑部会是什么模样? 笔者根据对传统新闻编辑部与新媒体的新闻编辑部进行研究,提出未来新闻编辑部的三种形态构建。

一、多媒体新闻室——基于现实新闻行业的状况

"多媒体"一词最早来源于音乐领域,一个名为平克·弗洛伊德的美国摇滚乐队初次使用并获得良好的效果。他们将不同的影像元素运用到自己的音乐录像中,让听众在享受音乐的同时增加了视觉上的感受。随后,多媒体一词开始受到各行各业的关注,特别是在信息与广播电视行业使用广泛,其含义根据不同的行业性质不断变化。根据我国传播学者郭庆光的定义:"所谓多媒体,指的是使用数字压缩和网络技术将广播、电视、电话、传真、电子出版、计算机通信等各种信息媒介联成一体,对声音、影像、文字、数据等进行一元化高速处理并提供给用户的双向信息系统。"如今,网络让多媒体的功能和效果最大化,正如同麦克卢汉所说,媒介即人的延伸,视、听、说、声、光、影在网络平台得以统一呈现,网

络如同人的各种感觉器官一般,实现了多种媒体的同步使用。因此,网络改变了传统新闻行业的状况,从而奠定了未来新闻行业的发展方向,报纸、广播、电视等多种媒介形式的新闻播报都能借助网络平台呈现。

基于目前我国新闻行业的状况,首先,报业传媒集团纷纷打造报与网的统一发展模式。例如,《新快报》在2007年推出了网络数字报刊,并宣称这是中国最早的网络报纸,《广州日报》和《广州日报》移动数字版、《人民日报》和人民网的报网合一等。其次,广电传媒集团也开启了传统电视频道与网络电视视频的融合,中央电视台与央视网、湖南电视台和芒果TV,浙江卫视和中国蓝TV,均成功地借助网络平台实现了电视与网络的统一。最后,随着互联网移动技术的进步,网络与手机移动终端也进行了融合式的发展,真正实现了随时随地看新闻的快捷方式。报纸、广播、电视、网络、移动APP等多种媒介融合将开创全新的多媒体形式。因此,在此基础上,未来新闻编辑部的第一种形态将会是一种利用多媒体全方位播报新闻的形式。多媒体新闻室的构建将会成为可能并逐步实现。未来新闻编辑部的记者将更专业化、更全能化,让受众更直观地获取新闻资讯,并能够享受到多元化、多感受和多体验的新闻服务①。

二、机器人记者室——基于新媒介技术的推动

未来新闻编辑部的第二种形态称为"机器人记者室"。基于新的媒介技术的推动,用机器人来代替记者写新闻报道变得不再遥不可及。据《纽约时报》报道,机器人记者的研发很大可能会获得"普利策新闻奖"。用机器人来代替专业的新闻记者写新闻,在新闻领域无疑是一件创新性的举措。这项举措在提高新闻的时效性与客观性方面有跨越式的进步。对于传统的新闻行业来说,不仅受到新媒体的冲击,机器人记者的发明将给整个记者行业带来的是空前的挑战。美联社曾表示,与多年来记者撰写的类似稿件相比,使用机器人记者撰写新闻,自动化系统的错误更少。2015年11月,我国新华社发布了一篇报道,宣布正式启用机器人记者"快笔小新"撰写新闻。机器人记者成为了新华社的一名员工,正式走进了我国的新闻传媒行业。从传统的新闻记者采写新闻,到机器人记者

①杨帆.融媒体语境下新闻采访报道的创新发展[J].传媒论坛,2020,3(20):77.

完成新闻这种方式的转变,可以说是媒介技术发展的又一大创举。但是,对于机器人记者代替人类记者撰写新闻的评价褒贬不一。不少学者认为,机器人记者不能代替人类记者本身,因为很多调查性报道是机器人记者无法完成的,机器人记者对人类记者而言起到的是辅助的作用,能全面提高新闻采写的效率。

伴随着媒介技术高速发展,新闻行业将会呈现出更智能化的一面。如果机器人记者在新闻编辑部得到广泛应用,那么未来新闻编辑部的机器人记者室的构建就会得以实现。机器人记者编写的新闻稿件基本上是根据固有的新闻模板撰写。例如,体育赛事、外汇涨跌幅度播报、突发事件、快讯和简讯等,机器人记者在数据采集与加工、自动写稿、编辑签发方面还是能起到很大的作用。因此,机器人记者根据其优势能更好地把握新闻的时效性和客观性,分担了人类记者的新闻采写工作负担,人类记者能够将精力更多地放在专业化的观点新闻和深度新闻上,整个新闻行业的效率也将得到提升。总的来说,机器人记者在未来的新闻采编工作中扮演着重要的角色,机器人记者室的构建也将会成为未来新闻编辑部中不可或缺的部分。

三、新闻众筹室——基于深度新闻未来的发展

除了传统的新闻行业现状和机器人记者的运用之外,为了追求更高质量的新闻报道,新闻众筹模式将会成为未来深度新闻发展的一个方向,新闻众筹室将会是未来新闻编辑部的第三种形态。新闻众筹,顾名思义就是在限定的时间内,人们(记者或是自媒体人)以自发和制定规则的方式公开地筹集资金,利用众筹平台发起新闻报道计划,并在参与众筹项目中获取相应的回报的一种公开的新闻制作模式。新闻众筹是一种利用集体的智慧和金钱来制作新闻的方式,它的发展可以追溯到传统新闻行业中出现的新闻线人。1982年元旦,《羊城晚报》24小时新闻热线的开通具有标志性意义,但此时的新闻线人仍然无报酬之说,新闻线索仍需依靠热心市民。而到了1994年,《浙江日报》记者万润龙为了抢到"3·31""千岛湖惨案"的线索向线人支付了1000元,在国内开辟了向新闻线人支付报酬的先例。在日趋激烈的传媒竞争中,报社要想方设法获得

最快最新的新闻源就必须寻找或培养新闻线人,新闻线人便在此背景下得以出现。他们总是最先出现在新闻事故的第一现场,他们总是新闻事件的直接目击者,他们总是第一个打进新闻热线电话的人。因此,他们被认为是距离新闻最近的人。新闻众筹是新闻线人的延伸,从新闻线人到新闻众筹,均扩大了新闻的来源,丰富了新闻的选题,从而增加了新闻的深度。在未来的新闻众筹室,职业记者集思广益,大众集体参与,利用集体的智慧挖掘真正贴近大众的新闻价值,让新闻源于大众,服务于大众。

目前,新闻众筹在中国已经有了尝试。作为一种创新性的新闻生产机制,新闻众筹要获得长足的发展,还须完善新闻体制和加强网络监管,并结合中国整个传媒行业的发展状况进行探究和实验。未来的新闻编辑部,新闻众筹室的成功构建还需要依靠未来社会中全民媒介素养的提升,才能更好地利用集体的智慧来挖掘深度新闻,也为新闻业朝着专业化、全面化、观点化和专题化的发展奠定基础。因此,基于深度新闻未来的发展,新闻众筹室是未来新闻编辑部中最具发展潜力的一种形态。

四、小结

在媒介融合的背景下,传统媒体与新媒体形成了相互依赖,同生同存的关系。"互联网+传媒业"的发展时代,媒介融合的趋势也为未来新闻编辑室形态构建提供了依据。多媒体新闻室是传统新闻编辑部的发展和延续,机器人记者室是新媒体技术推动下的智能采编模式,新闻众筹室扩宽新闻的深度与广度。就目前的现实条件而言,多媒体新闻广泛运用并逐步完善,机器人记者在我国已经开始试用,新闻众筹已见雏形。总体来说,未来的新闻编辑部将会呈现不一样的崭新的风貌。基于现实的发展和预测,多媒体新闻室、机器人记者室、新闻众筹室将会成为未来的新闻编辑部的三种形态。

随着网络技术的不断进步,传媒行业的飞速发展,未来新闻编辑部的形态可能远远不止这三种,笔者对未来新闻编辑部可能出现的形态还做了以下设想:除了多媒体新闻室、机器人记者室和新闻众筹室,未来还可能出现社交化螺体编辑室、新闻用户体验编辑室等。媒介融合的时代将是一个崭新、多元的时代,这需要新闻传播领域的研究学者、新闻媒体的从业人员以及广大的受众共同去探索和创造。

第四节 新闻传播的主体化和品牌化发展

一、融媒体时代新闻传播主体的变迁

(一)概述

科学技术的发展促进了中国经济的发展,信息时代的到来,改变了人们的生活。人们接受信息的渠道越来越多,能够通过多个新闻传播主体获得信息内容,借助各种新闻传播主体渠道能够在第一时间获得较大信息容量的内容。当今新闻传播已进入融媒体时代,过去传统模式下由传播主体主导的传播模式已被打破,对于受众来说已不是过去模式下的信息传播客体。他们借助于网络传播平台及各种工具,可以变被动接受为主动检索,自主的去获取所需要的新闻内容,甚至可在各种平台上传播信息,从新闻传播客体变成了主体。传播主体进入多元化时代,微博、论坛、微信等平台工具功能越来越强大,可以自主编辑、传播文字、图片、视频等内容,成为新闻传播的新工具。融媒体时代的到来,让新闻传播方式发生了重大变革,新闻传播者的主体发生了变化,对新闻信息的传播者和接受者而言都是一种变革,改变了人们接受新闻传播信息的方式。本节对融媒体时代新闻传播主体的变迁问题进行了探析。

(二)融媒体的特点

数字化、互动性是融媒体时代的重要特征。融媒体时代传播技术不断革新,不同的历史时期,新闻传播主体有着不同的变化,新媒体不断出现,新旧媒体不停融合。当进入信息时代,网络媒体就是继广播电视之后的新媒体,也是这个时代的新媒体。

融媒体突出的特点主要有:一是多向互动性。新媒体改变了传统媒体的传播方式,从"点对点"的传播方式转变为"点对面"的传播,通过大

众和人际传播两种媒体来传播,能够实现优势互补,实现了传播主体与受众的有效的交流,搭建了一个互动平台。将受众从被动地位转变到主动的地位,拓展了传播形式。二是数字化。数字化是融媒体的一个重要特征之一,融媒体的数据表达方式,不仅可突破媒体的特性限制,还能通过多种途径来传播信息。三是分众化、个性化的特征。融媒体时代的新闻传播对于受众群体的划分更加的明细,可针对于受众的群体特点有针对性地发布新闻信息,构建一个开放式的交流平台,交流者能够进行个性化的交流互动。对新闻传播的内容、形式、效果及理念也有较为深远的影响。融媒体平台的建设向受众传播了个性化的信息,在融媒体时代,传统媒体和新媒体有机结合在一起,服务于大众群体。

(三)融媒体时代新闻传播主体的变化

融媒体时代新闻传播主体发生了较大的变化,在过去,基本是以体统的大众媒体为主要的传播途径。在融媒体时代,除传统的大众媒介外,还有非专业化的传播机构、个人的网络新闻传播等多种传播主体的存在。在融媒体时代传播主体发生了较大的变迁[①]。

1.传统的大众媒介

传统的大众媒体是指报纸、电视等媒体。传统媒体经过多年的发展,已在传播行业有较大的影响力。但在融媒体时代,传统的大众媒体受到了巨大的挑战,传统媒介要积极面对困难,以期取得好的发展空间。传统媒介经过多年的发展,积累了一批专业的人才和资源,有着稳定的人才队伍和社会资源,有一定的发展优势。传统媒体的信息一般经过严格的编辑及审核后再进行新闻传播,因此,传统新闻传播主体有着一定的公信力和品牌影响力,所发布的新闻信息有较强的社会公信力。传统新闻传播主体在体制内得到了快速的发展,经济实力也比较强,但传统媒介往往在信息发布的即时性及互动性上有一定的局限性,新闻经过采访、编辑处理后已经过了一段时间,在信息发布的时间上有所滞后,尤其相对网络媒体而言,新闻事件一经发生后,网络媒体可在第一时间发布即时的新闻,开放评论后,可实现主体与受众的信息交互,能够在第一时

---

① 王宏.融媒体实务[M].北京:中国传媒大学出版社,2020.

间了解民众的反应。传统媒介的反应相对滞后。因此,传统媒介要考虑如何能与新媒体相结合。

2.非专业化的传播机构

在融媒体时代,非专业化的传播机构利用自身的资源注册了域名、微信公众账号、微博等工具,来进行新闻传播活动。这些机构通过与传统的媒体机构合作可以获得新闻使用权,其传播的新闻信息内容更广泛。同时其庞大的受众群体通过互动交流,也会上传一些自制的即时的新闻内容,丰富了新闻信息内容。同时新闻传播的内容更具互动性和传播性。

3.个人的网络新闻传播

在融媒体时代,个人成为了新闻传播的主体。个人通过注册微博、微信等网络平台,可发布新闻、专业研究成果及表达个人观点等。在传统媒体时代,个人信息的发布要通过新闻媒体来实现。在融媒体时代,通过网络媒体的传播和互动联系,个人可通过网络媒体发布新闻、表达观点,成为新闻传播者。有不少的业余的网络记者根据读者提供的电子邮件地址提供自己所采编的新闻。通过网络上电子邮件的接受与发送来进行新闻发布,这种新闻发布的方式是一种实时的、多向的、互动的交流方式。电子论坛也是一种可多人参与,能够实现交互式联系的平台。电子论坛平台的每个版块,如同一个新闻组,发布各种专题的信息。个人也可以参与到论坛中来,发表自己的见解。电子论坛能够实现多人参与,交互交流。在电子论坛中,受众可以获取到喜欢的专题内容,同时也可将自己认为有价值的内容传播到论坛上去,通过论坛能够让处于各地的受众看到信息。受众还可浏览到个人发布的内容,来对个人进行评价。个人主页建站容易,易于编排,形象直观,能够较好的进行新闻传播活动,在融媒体时代越来越多的人拥有个人主页或者个人网站,一旦用户拥有了个人主页,即可进行信息发布,也成为了融媒体时代新闻传播的主体。

(四)小结

在融媒体时代,信息技术的发展推动了社会的进步,民众对于新闻传播主体也有了更高的要求,对于获取信息的渠道及时效性、互动性方面的诉求也越来越高,因此融媒体时代,越来越多的新闻传播主体出现,改变了过去传统媒体一统天下的局面,新媒介的出现改变了新闻传播的方式,让新闻传播主体发生了较大的变迁。

新闻传播主体与受众之间有了更多的互动,融媒体时代实现了新闻传播主体从一元化到多元化的变迁,新闻传播主体与接受主体出现了角色互换的变化,融媒体有着强大的包容能力,其能被传统职业化的新闻传播者所利用,成为职业新闻传播者在融媒体时代的延续。融媒体时代,各种网络平台的出现,让新闻传播主体有了更大的拓展空间,互联网所具有的互动性和拓展性,打破了传统新闻传播的各种现实障碍,在融媒体时代互联网技术的发展让非专业新闻机构与个体民众借助于网络平台有了一定的传播能力,也成为了新闻传播主体的一部分,一些机构及个人在社会公众中有广泛的关注度,产生了较大的影响力。

融媒体时代,新闻传播主体的多样化给传统的新闻传播秩序带来了一定的冲击。因此在融媒体时代,要制订积极稳健的政策,形成良好的规范,促进新闻传播主体合法、合规的有序发展,推动我国的文化事业发展,打造中国的软实力。

二、融媒体时代新闻传播的品牌化运营——以广播节目主持人为例

在如今的时代发展背景下,主持人在一个节目中担任的角色越来越重要。很多的媒体都越来越重视培养一个主持人的综合素质,进而用来提高整个团体的综合效益。在努力提高节目质量的同时,加大了对节目主持人的关注力度,以一个主持人的影响力来影响整个节目的市场关注度。将主持人作为一个市场的吸附工具,从而来达到营销目的。

(一)广播节目主持人在融媒体时代下的新作用

在如今的融媒体时代下,主持人的影响力成为了一个节目热度的重要影响因素。节目对受众的整体效果也开始通过主持人的个人形象来进行烘托。广播节目主持人在融媒体时代下展现出了新的作用。

1.连接媒介与用户

主持人在媒介与用户之间担任了一个十分重要的角色,他不仅仅有效地进行了信息传递,更在一定程度上实现了销售的目的。在如今的融媒体时代下,主持人的作用日益地凸显出来。当然主持人的存在并不是一个节目是否能在市场上立足的唯一根据,如今也仍然存在着,许多不依靠节目主持人也能带来十分优秀的效果的节目。这些节目,要么就是在深度和广度上下功夫,要么就是具有十分创新的血液。但是相对于有节目主持人作为支撑的节目来说,它是远远难以弥补这一空缺所带来的不足的。从节目的效果来说,受众更容易接受有主持人来进行信息传递的节目,尤其是以声音传播为主要手段的广播节目。节目主持人在无形中在媒介和听众之间起到了一定的粘合作用,这种作用促进了一个节目和传统广播的发展,这种作用也保证了节目在市场中立足的可能性。

2.在市场营销方面起到一定的积极作用

从之前广播发展的历程上来看,主持人的影响力对听众的吸附作用是十分强大的。人们可能因为喜欢一个主持人而习惯上收听或观看一个节目,主持人的品牌效应也在此体现出来。这些主持人成为吸收客户的主要工具,也是台里或集团开拓市场的重要手段。所以在主持人培养方面下大功夫,为的就是更好地使主持人在吸附客户上做出更大的作用。甚至在对主持人的培养方面,将主持人作为一个节目最重要的方面,以主持人来量身定制一个节目。所以,一个优秀的主持人,他在其中并不是单纯地担任一个传递信息的角色,而是在市场的营销方面也起到了十分大的影响作用。

(二)通过主持人品牌化运营来促进传统广播的发展

随着互联网时代的来临,几乎每一个人在生活上、工作上还是在学习上都离不开网络。人们也在网络化同时享受着互联网所带来大量信息的灌溉。也可以说互联网的出现,拉近了人们与信息之间的距离,这对于广播行业来说是十分有利的。

1.节目主持人成为节目运营的关键

由于互联网的普及,人们对新媒体的接触途径更加的广泛。对于广播行业来说,这大大的扩大了广播行业对于客户来源的范围。然而这些人都热衷于资讯类、新闻类等节目,所以他们在进行节目选择时多会偏向于他们所喜爱的节目类型。然而这种现象向广播节目的发展提出了一个更好的方向。这种迎合受众喜好的发展方式向主持人提出了一个更大的挑战，为了满足听众们的需要，主持人就应该付出相应的努力。主持人在制作节目时，需要根据听众的偏好来引领整个节目的走向。这不仅仅可以和听众进行紧密的沟通与联系，也可以引领整个节目向与听众更为贴切的方向发展。这时的主持人在整个节目中起到的是一个领导作用，因此他的专业性和权威性都将会使用户对媒体的信任产生影响。

2.强化网络背景下的用户理念

新媒体传播无论是在传播的方式还是主体上，都与传统的传媒有了很大的创造性提高。甚至在一定程度上给传统传媒带来了一定的压倒式效果，事物的发展也正是如此。新媒体在如今的互联网时代中展示了越来越大的优势，将人们与媒介的连接途径缩短，使其获得信息的方法更为简便。新媒体在发展的过程中，并不是一味地将传统思想摒弃，他所做到的是，将新旧思想结合，并结合现实情况进行了一次改革性的创新。然而作为媒介与受众之间连接紧密的主持人来说，他更应该去适应这个新媒体时代发展的潮流。应该用全新的互联网综合思维去看待和审视这个职业，应该强化在当今网络背景下的用户理念。充分地利用当今时代在发展中的便利条件，运用互联网思维来进行信息的传播交流等，转变思想，把听众当作客户，关注受众的感受，提升服务质量，以及保障用户们所需求的产品质量。通过建立主持人的品牌效应而更好的服务于整个媒体业的发展。

3.提高主持人的品牌效应

品牌即是质量的保证，一个主持人的品牌效应对一个主持人以及整个节目来说是十分有益的。此时的主持人所体现的不单单只是一个职业，更多的还有一个市场的概念在里面。之前的主持人选拔大多是通过专业素养、声音以及表达等来进行的。而现如今的主持人则多要求一种可塑性，观众的人缘性以及可接受性。作为一个节目的核心人物，主持人的品牌化是十分有益于整个企业的发展的。

融媒体时代广播节目主持人的品牌化运营已经成为时代下广播媒体的发展趋势。随着时代的变化,主持人个人角色的内涵也发生了相应的改变。希望在新媒体时代下传统广播和广播节目主持人能够得到一个良好的发展,主持人的品牌化运营应结合当下实际来进行。相信在整个融媒体时代会有一个质的发展。

三、融媒体时代媒体品牌化发展的思考——以电视媒体为例

如今,我们正处于媒体大变革的融媒体时代。基于网络新媒体的快速发展,传统的电视媒体必须加强品牌建设,树立品牌,才能跟上时代步伐。

随着融媒体时代的到来,网络新媒体的发展,视频、影像产品不再是传统电视媒体的专属,电视媒体面临着严峻的挑战。面对融媒体的冲击,电视媒体该如何树立品牌,以确保其传播主体地位呢?笔者将对融媒体时代的电视媒体品牌发展做系统的、全面的探析,旨在为传统电视媒体的发展指明道路。

(一)全媒体冲击下的电视媒体

在全媒体时代,信息的传播主要利用广播、电视、报纸、杂志等传统媒介以及"光纤电缆通信网、都市型双向传播有线电视网、图文电视、电子计算机通信网、大型计算机数据库通信系统、通信卫星、互联网(Internet)、手机短信和多媒体信息的互动平台、多媒体技术以及利用数字技术播放的广播网"等新媒介,通过三网融合(广电网络、电信网络以及互联网络)进行传播,最终实现用户运用电视、电脑、手机等终端完成信息的接收与反馈。

不言而喻,这种智能化的传播模式,越发地凸显传统电视媒体的劣势。电视对于信息的传播,必须按照电视台事先编排的节目单进行,线性传播,受众只能被动地收看,传播过程,转瞬即逝,受众几乎没有思考的时间,他们只能被迫地跟随节目前行。另外,受客观条件限制,电视驾驭特殊题材,作深度报道比较困难,受众不能全面了解事情的真相。此外,电视节目的采制对物质、技术的要求过高,发射距离、收看设备等都会影响传播的行进,阻碍着信息的最有效传播。

在新媒体技术层出不穷的融媒体时代,传统电视媒体该如何应对挑战呢?

(二)电视媒体品牌发展策略

在融媒体时代,媒体之间的竞争,实际上也是品牌之间的竞争。萨默·雷石东曾指出:"如果把内容比作国王,那么品牌就是王中之王,品牌才是决定传媒企业最终能否在全球市场取胜的关键。"电视媒体如何树立自己的品牌呢?

1.内容为王,提升受众关注度

融媒体时代,移动互联网的加盟,使整个电视受众市场发生了颠覆性的变化,即传播网络化。在这个泛化的传播圈层中,传统电视的受众被网络终端的用户所替代,对视频产品的选择具有了强烈的碎片化模式,他们唯内容马首是瞻,吸引即消费、好看即消费。面对受众审美的转变,电视人必须重新审视视频产品的内容标准:节目的内容本身、适合移动客户端的视频产品以及吸引受众碎片化收视的创意。

对自身内容建设的优势资源重新进行盘整定位,建立有效的内容创新和内容生产激励机制。央视综艺节目《星光大道》采用晋级赛的形式,选手们经过一轮一轮的比赛,即周冠军选拔、月冠军比拼最终年度总冠军争霸成功,栏目这一年的制作播出也跟着画上圆满的句号。就在由周冠军晋级以后的比赛中,各周冠军们展开了强强的对决,把每期最优的选手资源通过比赛的形式选拔出来,重复利用,结合不同赛级,加入新的噱头,不断吸引观众,最终打造终极战神,给观众以完美、精彩的视觉享受。

在全媒体时代,基于网络新媒体的迅猛发展,电视媒体必须改变传统的线性传播模式、单一电视传播渠道,不可避免地与新兴媒体融合在一起,打造适合移动客户端的新型视频产品。新媒体传播的重要特点就是微传播,电视媒体要加强视频内容的微处理,可以把原有的整档节目进行再加工,形成适合移动客户收视的微内容。

碎片化时代带来了受众收视行为的分散与挑剔,面对这一现实,电视媒体要革新观念,通过全息化的内容呈现,提高受众的关注度。在节目制作过程中,充分运用视听元素,发挥其功能,从文字、图片、声音、图像等方面多角度展示产品内容,吸引受众对内容的注意,再根据受众的反馈数据,增加新的视频内容,使视频产品源源不断,以满足用户的需求。

2.人才战略,打造融媒体业务技能

电视媒体建立一支适应融媒体发展的专业化队伍,是保证媒体良性前行的智力支持。媒体的竞争是节目的竞争、收视的竞争、广告的竞争、时段的竞争,更是人才的竞争。在市场化的运作下,电视媒体的人才,除了具有专业的业务素养以外,还应具有多学科背景、灵活变通的社交能力和团队协作能力。

就电视新闻节目而言,全媒体人才必须做到能展示正在发生的事件,深度挖掘事实本身,真实还原事件原貌,跟进事件进展状况,随时插播最新资讯。特别是在对突发事件、灾难事件的报道上,更是需要全媒体技能的人才。例如"8·12"天津爆炸事件,央视新闻、凤凰资讯等的记者们在最前线播报资讯,利用摄像机、手机等媒介记录现场,通过互联网、广电网等发布信息,即时传播,做到了现场化的报道。

对于主持人队伍来说,全媒体人才不仅能"播",还得能"导"会"编"。湖南卫视的王牌栏目《天天向上》,在主持人员的任用上,打造团体主持、主持国际范儿,与此同时,主持人还得即兴表演、互动游戏。专业播音人与歌者、舞者、影视演员等同台主持,根据栏目主题、栏目设置需要,主持或严肃或活泼或幽默或戏谑,身体力行,与嘉宾现场游戏,即兴表演,他们配合默契、游刃有余、恰到好处。

3.管理策略,拥有全媒体融合思维

电视媒体是一个大集体、大家庭,在这个家里,必须得有成文的"家规"加以激励和约束,也要有不成文但都认可的方式、方法加以调和。除此以外还应有德高望重、德才兼备者加以把关、指引。

"家规"也好,不成文的方法也罢,德高望重、德才兼备者等说的都是管理。了解一下什么是管理体制即"管理系统的结构和组成方式,即采用怎样的组织形式以及如何将这些组织形式结合成为一个合理的有机系统,并以怎样的手段、方法来实现管理的任务和目的。"笔者在这里探讨的管理是具体到电视节目的微观领域的。

融媒体时代的电视节目管理人员本身必须具有较高的业务素质,他可能在导、编、播的单项上不是最棒的,但在节目的整体把握上必须是最好的。同时还应具有敏锐的创新意识,科学地管理能力,超前的营销理念以及较强的人格魅力。在融合思维的指导下,运用刚柔并济的手段,把"家规"和其他方法结合运用,以节目为核心,以人为本,充分发挥成员的优势个性,共同把节目组这个家庭建设好。《奔跑吧兄弟》是浙江卫视重点打造的制片人负责制的品牌栏目,邀请了原《爸爸回来了》的总导演岑俊义参与制作。通过战略战术融合、创新文化融合、运作模式融合等策略,在岑俊义的带领下,《奔跑吧兄弟》取得了收视成功。

4.品牌意识,建造品牌型媒体

提供信息、引导舆论是媒体的重要功能,电视媒体作为主流媒体更应当维护舆论导向的正确性,不能唯收视率马首是瞻,要树立品牌,抓好质量。这就要求电视人务必树立品牌,打造品牌节目、品牌频道、品牌媒体。

具体做法如下:革新观念,走可持续发展的之路,创作资源可再生型节目;与前沿热点文化相结合,创新电视节目产品;提升与观众、其他媒介、其他产业互动的服务理念,始终保持节目的新鲜性、参与性、贴近性。

电视节目的核心是以语言为主的人际交流,通过主持人串连、嘉宾对话、观众互动等样式,给人以知情的满足、情感的体验和理性的思考。不论是严肃的新闻类节目,还是轻松的娱乐类节目,都应该按照节目的固有类型特征以及受众的审美需求来把节目的质量关,只有这样,节目才会持久有效地传播下去。同时,以品牌节目为依托,进一步打造品牌频道、品牌媒体,把品牌意识贯彻到电视媒体发展的每一个角落。

随着全媒体时代的到来,电视媒体要积极从自身出发,利用当下的传媒生态环境,坚持品牌战略,内容先行,注重人才的挖掘与适用,努力取得与新媒体的合作与融合,适时调整,找出适合自己的发展之路。总之,新媒介通常不会消灭旧媒介,它们只是将旧媒介推到它们具有相对优势的领域。电视媒体应以积极、开放的心态去面对全媒体所带来的机遇与挑战。

第七章 融媒体时代的新闻传播实践研究

第一节 县级媒体的融合之路
——以威远县融媒体中心为例

县级媒体融合在融媒体建设中举足轻重,县级媒体是国家"四级办台"最基础的一级,同时县级媒体融合也是融媒体建设的最后一步,我国对融媒体建设战略部署的设计思路始于顶层设计,现阶段建设重心已经由省、市级媒体融合转向最基层的县级媒体。县级媒体在引领群众、服务群众等方面发挥着不可替代的作用。

一、县级媒体融合的管理模式探索

(一)县级媒体融合背景

1.国家从战略高度部署县级媒体融合

自2014年起,国家逐步重视传统媒体与新媒体的融合发展,多次召开重要会议,对融媒体建设进行战略设计。2014年通过的《关于推动传统媒体与新兴媒体融合发展的指导意见》,首次将媒体融合作为国家战略。自战略部署以来,各省市纷纷响应号召,各大媒体也大力配合。目前,融媒体建设的工作重心逐步转移到县级基层媒体上,习近平总书记在2018年提出"扎实抓好县级融媒体中心建设,更好引导群众,服务群众"。

2.县级媒体融合建设现状及初步效果

各个省市县级媒体的实际情况大不相同,但所有媒体的服务宗旨都是引导群众、服务群众,县级媒体的融合是政府更好传达政策、更好服务人民的关键一步。

随着科技的不断发展,县级媒体的传播方式也有了很大改变,很多县

级媒体开设了微信公众号、新闻客户端、微博官方账号、官方新闻网站等
多种新平台。

（二）县级媒体融合存在的问题

基层政府对群众呼声的回应、对上级决策的传达都需通过县级媒体
进行。面对热火朝天的县级媒体融合发展趋势，学界对县级媒体融合发
展中存在的优势与不足进行了科学理性的分析。2018年至2019年底，多
所高校的新媒体研究学院派出专业团队前往县级媒体机构对融媒体工
作进行实地调研。县级媒体融合发展面临的一个重大问题就是管理模
式问题。

（三）县级媒体融合管理模式的优势与不足

目前大部分县级媒体融合都是在较短时间内完成的，因此管理机制
并不完善，许多县级融媒体中心正积极创新管理模式，促进媒体融合建
设的稳步发展。

1.县级媒体融合管理模式的优势

第一，管理主体责任落实较好。现阶段各县级媒体融合发展都处于
一个优化阶段，每个县级媒体的资源分布不同、人才结构不同、技术力量
不同，融合方式也各有特点，因此对县级媒体融合管理模式的探索也要
依据县区的实际发展情况。有的县将管理主体责任赋予县里的广播电
视台，有的则直接由政府部门管理，具体由县委宣传部门负责。由政府
部门直接管理的优势是通过行政力量动员，会在发动当地群众关注上得
到立竿见影的效果，深化了融媒体与人民群众的联系。

第二，立足当地，整合资源。县级媒体自身发展空间小，可利用资源
少，同时市场竞争激烈，导致盈利较少。现阶段我国实行县级媒体融合
策略，上级地区提供了很多资源支持，通过行政的力量将县内可利用资
源整合起来，实现资源的高效利用，将媒体资源、人才、技术统一管理。

第三，开展跨界合作。县级媒体融合的发展离不开专业技术的支持，
目前许多县级媒体都拥有自己的互联网传播途径，报纸、杂志等逐渐淡
出人们的视野，互联网传媒才是发展的方向。县级媒体高科技人才较
少，网络资源也有限，不能自主研发传播软件或新闻平台，于是县级融媒

体便主动寻求与其他大型媒体合作,形成专业化的合作模式。大型媒体针对县区的实际发展情况进行融媒体开发设计,并且提供技术支持、人员支持,促进县级媒体融合的进一步发展①。

2.县级媒体融合管理模式的不足

第一,虽然有合作媒体为县级融媒体中心提供技术、人才上的支持,但县级融媒体机构工作人员专业知识掌握薄弱,与高科技人员沟通效率低,可能造成设计方案不适合县区实际情况等问题。因此,融媒体中心也应当引进、培养属于自己的高科技人才。

第二,许多县级媒体融合的发展都是依赖于政府的力量。有些县区的媒体融合前期在政府主导下稳步前进,一旦"离了拐棍"便会不知所措,不能从主观上调动融媒体中心工作人员的积极性,也不能有效发动人民群众。还有部分县区的融媒体中心不能根据市场行情发放薪酬,奖励机制也比较混乱,这也是工作人员积极性不高的原因。

第三,各部门职责划分不清,管理流程复杂,易出现纰漏。例如,有的地方由县网信办负责协调媒体的新闻采访、编辑、基础技术调试、舆情监督,但舆情事件的最终处理还是由宣传部执行。复杂的工作职能划分会严重影响工作效率,同时会影响新闻质量。

(四)各县级媒体融合管理应采用不同的模式

就资源缺乏的县区而言,可以优先采用以县区宣传部为管理主导的融媒体中心管理模式,有利于发动群众,整合资源,把控方向,切实做到服务群众。在发展过程中可以继续探索机构改革。对于媒体市场化程度低的县区来说,可以向上级主管部门申请资源。对于没有高科技人才的县区来说,可以通过提高薪酬或福利待遇等策略,引进、培养高科技人才。只有根据实际情况制定的县级媒体融合管理模式才会更好地促进融媒体建设的发展。

二、县级媒体融合的意义和路径

县级媒体融合进程中,新闻从业人员将首先面临挑战,如在内容方面,记者获取信息、传播信息理念亟待提升,需要根据内容整合新媒体传

①王晓清. 融媒体新闻架构原则与传播方式初探[J]. 新闻战线,2019(22):110-112.

播形式,实现传播对象、传播渠道精准化、传播力影响力最大化。"采、写、编、评"综合性要求,也给新闻采编人员造成一定程度的本领恐慌等。为了更好地适应媒体融合,获得更多适应新媒体生产环境的人才,各县级媒体在融合转型过程中均把用人机制的改革创新作为重点。

近年来,在国家宏观政策的引导下,媒体融合进程不断加快,融合程度持续加深。在2018年8月的全国宣传思想工作会议上,中共中央总书记、国家主席、中央军委主席习近平发表重要讲话,县级融媒体中心的概念首次在中央级会议上提出,掀起了县级融媒体中心建设热潮。2018年9月20日至21日,中宣部在浙江省长兴县召开县级融媒体中心建设现场推进会,对县级融媒体中心建设做出部署,要求"2020年底基本实现在全国的全覆盖,2018年先行启动600个县级融媒体中心建设"。同年11月14日,中央全面深化改革委员会第五次会议审议通过了《关于加强县级融媒体中心建设的意见》,对县级融媒体中心建设提出了进一步要求。

从2014年8月18日中央全面深化改革领导小组第四次会议审议通过《关于推动传统媒体和新兴媒体融合发展的指导意见》开始,我国媒体融合持续推进,中央、省市一级的媒体已经基本完成媒体融合建设。建设县级融媒体中心是深化推进媒体融合的必然过程,有助于实现从上至下各级媒体的全面融合转型。做好县级融媒体中心建设,才能真正打通媒体融合的"最后一公里"。

(一)县级媒体融合是政府与基层群众联系的渠道所需

据中华人民共和国民政部公布的数据,截至2017年年底,全国共有县级行政区划单位2851个。如此庞大的数量,使县级媒体成为传统媒体行列中规模最大的一级,连接了最广泛的用户群体。

县级媒体处于整体媒体架构的基层,关系到媒体如何与用户或群众第一时间传播和连接,从而有效实现中央与地方信息传播的上传下达。在互联网快速发展以及传播领域变革的新形势下,基层媒体较之中央、省市级媒体,传播力、影响力不断缩小,生存空间变得更为狭窄,受众分流更为严重。为稳固基层媒体的主流地位,巩固基层思想文化阵地,重塑县级媒体的传播力、公信力、引导力、影响力,县级媒体转型融合发展势在必行。

截至2018年6月,我国在线政务服务用户规模达到4.7亿,占总体网民的58.6%,政务服务成为不可忽视的上网需求。人民网舆情监测室2011年曾提出:本地网络互动平台是听取民意最短路径。《2018年上半年人民日报·政务指数微博影响力报告》也指出:"随着社会治理重心向基层下移,政府及社会组织利用政务微博发布信息、解读政策和办事服务的能力也向基层下移。"发挥县级融媒体中心的作用将有助于政务信息的精确传达和政务服务的精准落实,更好地连接政府与人民。

很多地区的县级媒体融合进程起步很早,融合进程基本与中央级、省级媒体融合同步。在全国宣传思想工作会议召开前,全国已有多地试水县级融媒体中心的建设。如2018年4月13日,河南日报报业集团旗下大河网与安阳县委宣传部签署共建协议,打造省内首家县级融媒体中心。7月6日,湖南省首家区县融媒体中心——湖南日报社浏阳融媒体中心挂牌。7月21日,海淀区融媒体中心挂牌成立,北京市16个区的融媒体中心至此全部完成建设,北京市在全国率先实现融媒体中心全覆盖。在全国宣传思想会议后,各地迅速响应,县级媒体融合进程显著提速、全面铺开。当前,县级媒体融合的普及率较高,普遍完成了向新媒体平台的整合,微信公众平台的地区覆盖率达到了87.54%。出现了很多具有代表性的融合样本。

目前的县级融媒体中心建设多借鉴人民日报"中央厨房"或其他省级媒体的融合路径。将广播电视台、网站、报刊、客户端、微信、微博等县域公共媒体资源整合起来,融合发展成为普遍的做法,"中央厨房"式的运行机制成为标配。但多数县级媒体规模小、实力弱,地区实际情况千差万别,因此不能照搬省级以上媒体的融合策略。在此基础上,很多地方结合自身实际和发展需求,融入了创新举措,走出了富有代表性的融合创新路径。

(二)县级媒体融合能因地制宜,扎根本土,服务当地

能广泛的贴近民众,关注本地信息,充分利用本土化资源是县级融媒体中心的最大优势。因地制宜的本土化策略在县级媒体中得到了广泛地应用,从品牌的打造到内容生产均重视利用本地资源,立足本地现实、服务当地民众。

比较典型的当属江苏邳州广电的银杏品牌,依托银杏之乡的背景,打造了以银杏为主题的"银杏融媒"品牌,生产出了"邳州银杏甲天下"客户端等既有当地特色,又具竞争实力的融媒产品。在内容生产上也融入了地域特色,创作推出的网络视听节目《逗是这个事》,以邳州本土方言演绎,极具地方特色,深受网民喜爱,播出30期,全网观看量达到600万人次。

"引导群众、服务群众"是省市县媒体融合的根本目的。中央全面深化改革委员会第五次会议也指出,把基层百姓所需所盼与党委政府积极作为对接起来,把服务延伸到基层、问题解决在基层,切实推动基层宣传思想工作强起来。县级媒体应当通过与群众密切互动,反映民生,解决困难。北京丰台区融媒体中心通过与百度合作,在全市率先开通政务公众号,促进政府与市民群众间的沟通与交流。甘肃玉门市在县级媒体融合发展中,依据当地社会治理实际,于2018年6月上线了"活力网格"融媒体平台。网格用户可通过手机APP上报各类问题,市网格管理中心第一时间收到信息,做出及时指示。

(三)县级媒体融合能推进多平台联动、全媒体拓展

县级媒体的融合主要在县域已有媒体基础上进行融合,多以县级纸媒和县级电视台为基础,整合各类新媒体平台和资源。在"两微一端"早已成为标配的当下,各地积极向更多媒体平台拓展,建立起庞大的新媒体矩阵。如邳州广电除完成"两微一端"建设外,广泛入驻了头条号、企鹅号、网易号、大鱼号、百家号等10个媒体平台,形成了"两微一端多平台"的移动传播矩阵。浙江长兴传媒其下自运营微信公众号8个,代运营乡镇部门微信公众号24个。尽管平台丰富,但多得到了切实的运用,如邳州广电的"银杏直播"每周都会推出不低于两次的新闻移动直播。长兴传媒成立的新媒体直播团队,2017年共开展大型直播活动40多场。

也有一些地方并未选择更多的开通新平台,拓展新渠道,而是整合已有平台和渠道,集中配置资源,确保各端切实发挥作用。如北京房山区

将原来的"三微三网一端"整合为"一微一网一端",由"房山广电传媒微信+房山新闻网微信+今日房山微信+房山信息网+房山广电传媒网+房山新闻网+掌上房山 APP 客户端"变为"北京房山微信公众号+北京房山网+北京房山客户端",形成"传统媒体+新媒体+北京房山新媒体联盟"的宣传矩阵。有效集中了资源,形成更强的品牌合力,避免了内部同质化竞争,也使新媒体平台的作用得到更充分地发挥。

(四)县级媒体融合能实现从外部"输血"向积极"造血"转变

县级媒体规模小,人员队伍较小,新媒体相关人才更为缺乏。县级媒体融合进程中,新闻从业人员将首先面临挑战,如在内容方面,记者获取信息、传播信息理念亟待提升,需要根据内容整合新媒体传播形式,实现传播对象、传播渠道精准化和传播力影响力最大化。"采、写、编、评"综合性要求,也给新闻采编人员造成一定程度的本领恐慌等。为了更好地适应媒体融合,获得更多适应新媒体生产环境的人才,各县级媒体在融合转型过程中均把用人机制的改革创新作为重点。

在壮大规模方面,一方面,广泛招募全媒体采编人员,另一方面,则通过薪酬分配制度的调整,以正向激励留住人才。江西分宜县融媒体中心通过增加配足编制,允许人员不足部分以聘用方式解决,在岗人数翻了一番。北京市密云区融媒体中心总编辑工资实行年薪制,年薪30万元～50万元。总编辑、纸媒部副总编辑、网媒部副总编辑岗位非京籍人员,在岗满2年后,按人才引进政策办理相关手续,其配偶及未成年子女可随调随迁。

在人员素质方面,除积极引进高素质人才外,注重对已有人员的培养。如长兴传媒投资超过100万元启动了"万物生长"计划,着眼于员工的业务能力提升。同时积极邀请专家开展培训,多次分批组织干部员工赴杭州、上海、北京等地学习。

媒体营收机制也经历了从依赖财政支持,到"产业链"式多元营收的革新。县级媒体融合需要大量的成本投入,从办公区、机器设备等硬件成本,到采编发系统等软件成本,再到人员成本及后续的运营成本,都需要大量资金。县级媒体的发展资金多长期以来依赖财政支持,各地县级媒体融合均得到了当地党和政府的重视和支持。如江西分宜县融媒体中心的建设工程被列入了财政投资重点项目，安排900万元资金予以支持；邳州广电搭建中央厨房时，两年内得到了市委、市政府2200多万元的财政支持。

但融媒体中心的持续运转不能一味靠财政，必须拥有过硬的造血能力，因此各地在充分利用财政资金的同时，也在通过"媒体+电商""媒体+地产""媒体+会展"等多种途径，延长内容产业链，取得了有效的创收。江苏邳州广电的融媒新服务"政企云"项目，为合作单位提供新闻宣传、信息发布、数据共享、平台托管、活动策划、技术研发等一对一精准服务，吸引了全市50多家政企单位合作，实现直接创收500多万元。重庆潼南区传媒集团下成立了潼智广告、佳映影视、百源文化3家子公司和一家艺术培训中心，为潼南区贡献了稳定收益，2018年1到10月经营收入达到500余万元。此外，还有不少媒体向电商等其他领域发力。

（五）县级媒体融合能广泛借力，以合作促进融合转型

融媒体中心的建设需要较大的成本，也有一定的难度，因此县级媒体在建设融媒体中心时，多采取借助外力，广泛合作的方式。通过与互联网巨头、媒体技术公司、各级传统媒体、新媒体、高校、科研机构等建立合作关系，为县级媒体融合提供技术、渠道、策略等多方面的支持。北京市16区在建设融媒体中心过程中均广泛开展合作，建设过程顺利、迅速，取得了积极的效果。

目前，县级媒体主要与两类主体合作共建融媒体中心：一类是上级的传统媒体，另一类是媒体技术公司。其他针对县级媒体融合的解决方案也在不断涌现，例如，2018年11月22日，封面传媒与四川联通合作推出全国发布的首个专为县级融媒体中心定制的解决方案品牌——"沃·封面"。

随着媒体融合的加深，很多省级媒体开始向县级层面布局，以进一步加深融合层次，争取分发端的话语权。在县级媒体层面，其推进融合缺乏自行建设"中央厨房"的能力，县级媒体的需求与省级媒体的发展方向契合，使得省县合作共建融媒体中心成为普遍的做法。

　　江西日报社依托"赣鄱云",已建成34个县级融媒体中心。加入"赣鄱云"平台的各地融媒体中心,可在"一张网"内实现数据共享、技术共享、用户共享。2018年7月6日,浏阳市入驻湖南日报社"新湖南云",成立了湖南省首家区县融媒体中心——浏阳融媒体中心。9月28日,浙江启动首个省县合作融媒体中心——青田传媒集团融媒体中心。该中心以"中国蓝云"为主体,根据青田传媒集团需求定制应用模块。市级媒体与县级媒体的合作也不鲜见。如2018年8月31日郑州报业集团与郑州市16个县级行政单位集中签署协议,以郑报融媒"中央厨房·新闻超市"大平台为基础,推进县级融媒体中心建设。

　　县级媒体通过与上级媒体开展合作,既推进了县级媒体的融合进程,也将省、市级媒体的融合脉络拓展到更深层的阶段,省、市、县三级媒体深刻互动,协同作战,有助于实现三方共赢。

　　技术是推进新媒体不断发展的第一生产力,县级媒体中心实力较弱,在技术上多依赖与技术公司的合作。2018年6月16日,北京市延庆区在人民日报媒体技术公司提供的技术支持下,成立了延庆区融媒体中心,成为国内首家"广电+报业"模式的"中央厨房"。

　　县级媒体的融合进程正不断加快,这是政策引导的结果,也是媒体发展大势所趋。做好县级媒体融合,不断创新融合路径,打造兼具新闻宣传和综合服务功能的新型主流媒体,有助于稳固基层主流舆论场,打通自上而下的舆论通道,更好地引导群众、服务群众。县级媒体融合没有标准答案,也不能照搬其他媒体的策略,更多的还是要结合自身实际不断创新,因地制宜构建符合自身特色的新媒体平台。任何层次的融媒融合都不能一蹴而就,在建设和发展的过程中也会面临很多问题,但与之相比更重要的是应该积极投身融媒体这场巨大变革中,同时,通过改革发展来逐步解决这些问题。

三、四川首个AI智能对接省平台的县级融媒体中心——威远县融媒体中心

(一)挂牌成立

　　2019年4月3日,威远县融媒体中心正式揭牌成立,标志着威远在推

进媒体融合发展上迈出了坚实一步。这也是四川首个AI智能对接省平台的县级融媒体中心。四川广播电视台党委书记、台长刘成安,市委常委、宣传部长、统战部长潘梅,四川广播电视台党委委员、副台长王红芯,县委副书记、县长马炬等领导出席活动。县委常委、宣传部长刘源主持揭牌仪式。

马炬、潘梅、刘成安先后在揭牌仪式上致辞,表示将聚合各方力量,全力支持融媒体中心建设发展,加快构建"融为一体、合而为一"的全媒体传播格局,不断提升传播力、引导力、影响力、公信力,为推动新时代治蜀兴川内江实践再上新台阶贡献威远力。

威远县融媒体中心面积约1500平方米,总投资约500万元,按照"1+4+N"的建设目标,建成了一个融媒体指挥调度中心和网络理政、中央厨房、"新闻+"、舆情应对"四大系统",形成涵盖20个镇政务新媒体以及若干"威字号"新媒体的聚合平台。按照"移动优先"的原则,建设有广播、电视、网站、微信公众号、微博、抖音、APP等媒体平台,形成"一体策划、一次采集、多种生成、多元传播、科学评价、有效应用"的全新生产流程。

威远县融媒体中心的建成,将成为威远县主流舆论阵地、综合信息服务平台、社情民意窗口、基层治理的有效载体。

(二)发挥融媒作用,凝聚抗疫力量

全民战"疫",宣传先行。自新型冠状病毒肺炎疫情防控工作开展以来,威远县融媒体中心整合资源,冲锋在前,充分发挥宣传引导、凝聚人心、化解矛盾、服务群众的作用。

第一,权威发声稳人心。利用广播、电视、网站、微信等平台,及时播放疫情防控信息、疫情防控知识、疫情防控工作进展情况,及时对外发布威远县疫情防控的12个权威通告,宣传疫情防控要求。

第二,科学宣传入人心。充分运用广播、电视、网站、微信公众号、微博、客户端、抖音等传播形式,及时、准确发布疫情防控工作信息。开展"疫情防控H5接力活动",创新快板说唱防控要点,制作《爱的接力跑》朗文音频,推广歌曲《威远,与你同在》,通过多渠道、立体声的传播方式,普及疫情防控知识。

第三,正面引导聚人心。深入挖掘千里奔赴武汉雷神山医院建设工地的唐元清、患病请缨的医生欧阳涛、凌晨3点送温暖的志愿者李志华等先进典型,稳定人心、增强信心。在坚持正面宣传的同时,对网上"三人上街要被查""交通全部是红灯"等不实消息进行辟谣,让每一个人知道真实情况,避免恐慌情绪蔓延,充分发挥了主流媒体的舆论引导作用。

第四,服务群众暖人心。开设新型冠状病毒肺炎疫情防控求助通道,搭建一个守望相助、协力战"疫"的互动平台,回复网友400多条留言信息,搭起了县委县政府与百姓沟通的桥梁。

疫情防控期间,威远县搭建了"守望相助、协力战疫"网络求助平台、心理咨询服务网络平台、口罩购买配送网络平台、农副产品立体化信息沟通平台等多个平台,为市民提供服务;同时,推行网上政务服务市民,收集社情民意助力疫情防控,得到市民支持。

据不完全统计,威远县搭建的心理咨询服务网络平台,开设"抗疫"心理微课堂,在线帮助100余名求助者解决因新冠肺炎疫情引发的心理问题。搭建的农副产品立体化信息沟通平台,通过收集待售产品品种、待售数量、详细地址、联系电话等信息,打通了网络销售信息渠道,帮助70余种30余吨农副产品实现外销。

此外,威远县通过网上政务平台,大力宣传智慧城市政务服务政策措施、渠道平台、方式方法,引导群众"不出门、指尖办"。在爱威远APP、网站、微信公众号等上面接入政务服务一体化平台,开通电视在线直播,接入生活缴费、社会保障、医疗卫生等便民应用。开设市县领导信箱、民生诉求栏目,积极宣传疫情防控政策,解答网民咨询的问题,回应群众诉求,共回复网民留言1100余条,办理网络信件70余件。

截至2020年2月10日,威远县融媒体中心广播电视台播出疫情防控稿件81条,微信公众号推送107条,阅读量10万以上的稿件8条,其中1月29日发布的政府公告阅读量超过22.3万,总阅读量超过220万。此外,爱威远APP、今日头条、中国威远微博阅读量超过107万。

(三)成果

在威远县将统一战线融入县级融媒体矩阵的工作开展过程中,依托县级融媒体中心,在"威远电视台""今日威远网站""微威远"等媒体开设"威远统战"专刊,与20个镇、27个县级部门政务新媒体以及若干"威字号"新媒体平台相融合,形成了载体多样、渠道丰富、覆盖广泛的新媒体传播渠道,扩大了统战宣传网络传播层级和范围,提升了社会主义核心价值观在威远县的影响力。

威远县融媒体中心是威远县官方权威主流媒体,已经建立并运营威远县广播电视台、威远人民广播电台、微信公众号、微博、爱威远APP、今日威远网站、澎湃号、抖音号、头条号、户外LED大屏等众多平台,在民生服务、信息发布、文化建设、经济发展等多个领域发挥着重要作用,具有很大的影响力。

在《2019年度四川广播电视台部门决算》中特别肯定了威远县融媒体中心建设的成就,相关内容如下:"扎实推进县级融媒体中心建设,与省内170多个区县建立联系,制定具有当地特色的县级融媒体中心建设方案近100个,全省52个区县融媒体中心采用川台方案建设,已建成15个、在建32个,威远县融媒体中心受到省委全面深化改革委员会办公室肯定。"

第二节 塑造时政报道的"亲民面孔"
——以第19届江苏省运动会新闻报道为例

信息大数据时代的到来,使得传统媒体面临着前所未有的挑战,尤其是传统的时政新闻报道,它的"老沉面孔"与这个时代显得格格不入。基于此,本节以第19届江苏省运动会的新闻报道为案例。为传统时政新闻进行"变脸"手术,深入剖析融媒体时代对"新面孔""新思维""新语态"的时代追求。

一、"新环境"造就"新面孔"

习近平总书记强调,信息无处不在、无所不及、无人不用,导致舆论生态、媒体格局、传播方式发生深刻变化,新闻舆论工作面临新的挑战。

对此,要因势而谋、应势而动、顺势而为,加快推动媒体融合发展,使主流媒体具有强大传播力、引导力、影响力、公信力,形成网上网下同心圆。对于时政报道而言,信息爆炸的"新环境"促使其自身不断革新。大环境如此,小环境亦然。作为展示全民体育的一个窗口,第19届江苏省运动会不仅是一场竞技体育的盛会,更是一场全民运动的狂欢,全民参与性从根本上对新闻报道提出全新的要求。为了营造出"人人都是运动员,家家都是啦啦队,处处都是运动场"的省运氛围,扬州电视台省运会期间的所有专栏节目都以"群众性""互动性"为宗旨,打造了《我是东道主》《运动达人秀》《省运随手拍》等一批"人人参与"的省运会专栏,赢得了群众口碑。这也从一个侧面要求新闻工作者,无论是打造新栏目还是制作老节目,都要以"亲民面孔"呈现,而这张面孔的本质就是大众视角,大众视角是传统媒体的"立身之本",更是融媒体时代的"生存之道"。

二、"新面孔"需要"新思维"

"新面孔"拉近了节目与观众的距离,改变了时政报道"不可亲近"的世俗印象,但在融媒体时代,仅仅靠一张"新面孔"是远远不够的,支撑形式背后的内容显得更为重要。以省运会期间,扬州电视台推出的《省运时评》专栏为例。为了专业、权威、深度解读省运会,而又不失点评背后的平民基础,在专栏顶层设计中,策划团队就以打破常规的"新思维"对节目进行颠覆性重构。传统的"1+1"(1名主播、1名嘉宾)访谈模式被"1+1+1"(1名主播+1名新媒体主播+1名嘉宾)的全新样式所取代。其中,主播负责总串和访谈;新媒体主播主要承担网络信息的播报、反馈,并参与和网友、嘉宾的互动;一名主嘉宾,负责介绍相关专业知识,对当日赛事和运动员的表现进行点评,并回答网友提出的问题,这种全新的访谈架构满足了融媒体传播的需求。

传统媒体与新媒体深度融合、合二为一。通过"扬帆"APP及新媒体矩阵的"你点咖,我报道"活动,以网友提问、专家评说的方式,既达到了专业、深度评论的宣传效果,又带来了人人参与的舆论影响。

融媒体时代,对于传统媒体来说,尤其是时政报道,"内容为王"的根基不能动摇,而支撑内容创新的根本则是思维创新①。

三、"新思维"支撑"新语态"

在信息传播的过程中,融媒体自身具有很大的优势,在内容方面,与受众的心理和生活能够更为贴近。仔细揣摩融媒体的这种贴近性,不难发现,对信息内容的表达,融媒体自身的语言风格才是这种贴近性、亲民性的根本所在。第19届江苏省运动会最大的亮点就是开幕式,如何宣传预告开幕式?扬州电视台时政新闻栏目打破常规。以融媒体的"新语态"制作了五个"爆款"微视频预告片,在电视端、手机端同步推出,这五集微视频围绕开幕式的亮点介绍,以悬念式构架、网络式语言、动画式呈现,新媒体方式进行制作,通过电视大屏、手机小屏的同步传播,起到了轰动式的宣传效果。

以其中一集微视频为例,具体文稿如下。

[字幕](动画字幕)三分钟实景呈现瘦西湖。

[男生配音+字幕]我们都知道,瘦西湖里最有传奇色彩的建筑就是白塔,"一夜造白塔"的故事可谓家喻户晓、妇孺皆知!

[女生配音+字幕]这跟我们省运会开幕式有半毛钱关系啊?难不成我们在开幕式上也用一个晚上,造一座白塔不成?

[男生配音+字幕]你说对了!不过一个晚上太久,我们只要三分钟!

[女生配音+字幕]开什么玩笑!三分钟造一座白塔放在舞台中间?

[男生配音+字幕]错!不是白塔!白塔难度太小!我们造难度最大的五亭桥!还有钓鱼台等。

[女生配音+字幕]也就是说三分钟在舞台上实景呈现瘦西湖?

[男生配音+字幕]对!难以置信吧?

[女生配音+字幕]这得是一项多庞大的工程啊?能不能告诉我这是怎么做到呢?

[男生配音+字幕]这可不能告诉你,更多精彩当然要关注9月21日开幕式这一天啦!

[字幕](动画字幕)9月21日,省运会开幕式我们不见不散!

---

①姚璇.融媒体时代的电视新闻转型浅析[J].视听纵横,2019(03):9-10.

与传统的电视预告片相比,这种时政报道中的微视频画风活泼、语言轻松,男女生以省运会吉祥物欢欢、乐乐的口吻介绍开幕式的亮点,极具个性色彩,引发受众强烈共鸣,令人印象深刻。

众所周知,时政新闻报道要想赢得更多受众,就必须在语言风格和情感表达上与时俱进,充分借鉴新媒体语境。以讲故事方式放大报道中的细节,引起观众的关注和兴趣。时政新闻记者需要在"新思维"的支撑下呈现"新语态"。充分利用多媒体的技术、手段将会议信息、政策性信息等官方语言转化成普通受众听得懂、乐于听的"家常话"。只有这样才能抓住受众的内心,赢得新一轮改革发展中的舆论话语权。

四、"新语态"集聚"新人气"

多样性是融媒体中最主要的特点之一,融媒体对各类媒体的优势进行了整合,其媒介形式也十分丰富多样。融媒体的多样性对时政新闻单一性构成了最直接的挑战。在信息大数据时代的背景下,时政新闻只有充分革新自身的媒体形态。实现融媒体特质的华丽转身。才能重新赢得传播的生命力,从而才能让党和政府满意,让人民群众满意。

在第19届江苏省运动会的宣传报道中,扬州电视台时政新闻栏目承接了省运会的宣传片《省运会——深深改变扬州城 默默改变扬州人》。这部专题片以深度的视角、全新的理念、民生的情怀,阐述了一场盛会给一座城市以及一城百姓带来的深远影响,可以说是全方位、高质量展现了扬州"办会为城、办会惠民、办成里程碑"的办会理念。正是有了"新面孔""新思维""新语态",这部九分钟的专题片仅在一家融媒体客户端(扬帆手机APP)就收获了十多万的点击量,赢得了受众的口碑。

五、小结

中共中央总书记习近平强调,推动媒体融合发展、建设全媒体成为我们面临的一项紧迫课题。要运用信息革命成果,推动媒体融合向纵深发展,做大做强主流舆论,巩固全党全国人民团结奋斗的共同思想基础,为实现"两个一百年"奋斗目标、实现中华民族伟大复兴的中国梦提供强大精神力量和舆论支持。

习近平总书记指出,党报、党刊、党台、党网等主流媒体必须紧跟时代,大胆运用新技术、新机制、新模式,加快融合发展步伐,实现宣传效果的最大化和最优化。运用信息革命成果,推动媒体融合向纵深发展已势在必行。

对传统时政新闻工作者而言,不仅要将传统的新闻素养延续,更需要结合时代发展特点,迅速领会掌握新的信息技术。了解并熟悉新媒体框架下的词汇与语言,不断拓展思维,提升自身综合素质,找准受众的关注点、兴趣点,精准发力,在媒体改革的征程中赢得机遇。

对于主流媒体平台而言,要抓紧做好顶层设计,打造新型传播平台,建成新型主流媒体,扩大主流价值影响力版图,让党的声音传得更开、传得更广、传得更深入。要旗帜鲜明坚持正确的政治方向、舆论导向、价值取向,通过理念、内容、形式、方法、手段等创新,使正面宣传质量和水平有一个明显提高。主流媒体要及时提供更多真实客观、观点鲜明的信息内容,掌握舆论场主动权和主导权。

第三节 短视频在疫情防控报道中的传播作用
——以湖北日报抖音号为例

新冠肺炎疫情爆发以来,人们对疫情高度关注,以抖音、快手为代表的资讯短视频,以其直观特点、平民属性,让疫情信息得到了广泛、及时的传播。资讯短视频用户规模巨大,仅抖音和快手两大平台的日活已突破7亿,体量之大,不容忽视。

在抗击新冠肺炎疫情新闻实战中,以纸媒为主业的党报传媒集团,该如何用好短视频这种新媒体形态?湖北日报传媒集团将抖音作为抗疫报道的重要方式之一,自1月20日正式推出"众志成城共克疫情"抖音合集,截至10月10日,共更新1366集,总播放量已达135.1亿次。

超高播放量,超强传播力,超广覆盖面,湖北日报传媒集团生产的抖音短视频,之所以在这次抗疫报道中展现出前所未有的强大爆发力,一方面,疫情防控期间,人们对相关信息更为渴求,且闭门在家也有更多时间浏览新闻,《湖北日报》作为疫情最严重地区省委机关报自然受到更多关注;另一方面,《湖北日报》以务实之态积极抗击疫情,众多记者深入一线,第一时间采拍了大量独家音视频内容,而在后方的抖音编辑,则不分昼夜,对短视频素材精心编辑、反复打磨,生产了许多打动人心的佳作。

本次疫情,湖北日报借助抖音平台,顺势而为,重点发力,使得大量独家抗"疫"报道得以广泛传播。本节将结合湖北日报抖音号的具体案例,谈一谈资讯短视频在疫情防控报道中发挥的重要传播作用①。

一、发布抗"疫"权威信息,遏制恐慌情绪蔓延

信息的载体不同,传播效果也大相径庭。再重要的信息,只有传播出去,才能发挥其本身的作用,才能以正视听。疫情爆发后,各种"消息"满天飞,其中不乏大量不实信息,这无疑助长了恐慌情绪的蔓延。这时候就需要来自官方的权威信息,以打消人们的疑虑,而抖音就是一个很有效的信息发布平台。

疫情爆发以来,在前方记者和后方短视频编辑的密切配合下,湖北日报抖音号及时发布了很多和抗"疫"相关的权威信息,为人们在疫情期间的生活提供了重要参考。比如:1月24日,武汉大学人民医院发布新冠肺炎患者识别"升级版",其中提到一男子腹泻三天到医院就诊,被确诊为新冠肺炎。也就是说,除了发热,感染新冠肺炎后也可能表现出腹泻等其他症状。这是之前所不知道的新情况。湖北日报后方短视频编辑立即根据记者发回的报道,剪辑发布了短视频《重要提醒! 发热咳嗽并非唯一首发症状,新冠肺炎患者识别"升级版"发布》。这条信息不仅是提醒普通人要注意自身身体状况,更是提醒一线医护人员在接诊非发热患者时要格外注意,做好防护措施。

信息发出后,果然受到极大关注,短时间内播放达2.49亿次,评论17万,转发69.6万。说明这样的信息,正是广大网友想了解的,也是非常关键的信息。而通过抖音平台的传播,尽可能让更多的人了解这一信息,也是对抗击疫情做贡献。

①李坤.浅析短视频在疫情防控报道中的传播作用——以湖北日报抖音号为例[J].新闻前哨,2020(07):24-25.

此类短视频发布了很多,比如《新型肺炎潜伏期传染吗?和普通感冒啥区别?院士告诉你》《紧急提醒:在商超购物,一个区域内停留尽量不超15分钟》等。

这些都是和每个人息息相关的重要信息,传播数据也证明了这一点。这些提示类短视频的播放量最高的超过2亿次,大多数都是上千万次,最低的也有几百万次,传播之广,受关注度之高,可见一斑。权威信息的发出,可以让人们对整个抗"疫"大环境有一个比较客观的认知,有力地阻击了谣言的传播,有效遏制了恐慌情绪的蔓延,为抗击疫情创造了有利条件。

大"疫"当前,人们需要的不仅是看得过瘾、有趣的短视频,还需要实用的防疫知识。

1月20日,湖北日报抖音号发布"众志成城共克疫情"抖音合集的首条短视频《钟南山:新型冠状病毒肺炎肯定有人传人现象》。这段15秒的短视频,有理有据地告诉人们新冠肺炎的危险性,播放量达1.26亿次,9.7万网友转发提醒家人朋友。

这次成功尝试传递出一个信号:有用、实用的作品自带强大传播动力。1月24日,湖北日报全媒体记者在采访中获知一条重要信息:新冠肺炎的临床表现以发热、乏力、干咳为主,但医生在诊治过程中,发现多个"不典型"病例。比如,一名45岁男性因腹泻3天到消化科门诊就诊,最终被确诊为新冠肺炎。"不典型"必然带来麻痹大意,可能造成更多的交叉感染。当日,湖北日报抖音号即推出《重要提醒!发热咳嗽并非唯一首发症状!新冠肺炎患者识别"升级版"发布》,列举了腹泻、呕吐、结膜炎、肌肉酸痛等多种"不典型"首发症状,提示人们严加防范。这条短视频播放量达2.49亿次,点赞470万,评论17万条。

据不完全统计,此次疫情报道中,湖北日报抖音号"众志成城共克疫情"合集共计推出124条提示提醒类短视频,其中播放量过千万的有38条。一位武汉网友留言说,每天都能在湖北日报抖音号刷到"重要提醒",非常及时、非常管用。

二、发布抗"疫"一线故事,传递正能量

抗"疫"一线涌现出很多可歌可泣的人和事,也备受人们关注。怎样报道这些人和事才能最大程度地被受众看到？相比传统的文字报道和其他媒介形式，短视频具有生动、直观的优势，体量小但内容精，非常有利于传播。

疫情期间，湖北日报全媒记者兵分多路，深入抗"疫"一线，尤其是医院，传回大量珍贵的影像信息。后方短视频编辑精心剪辑，通过短视频，向人们呈现出最真实的抗"疫"一线故事，有很多让人感动的、振奋的或者伤心的瞬间，屡屡引起网友的共鸣。

比如疫情爆发初期，湖北日报抖音号发布的《同济医生请愿参与治疗"不计报酬，无论生死！"愿平安！》让人动容：疫情面前，医务工作者不顾生死，奔赴战场，拯救患者。"不计报酬，无论生死"，这不是简单的豪言壮语，看视频画面就知道，这是实实在在的肉搏战，以命搏命。这条短视频播放量达到了3.86亿次，1930多万网友点赞，留言评论59.9万，转发42.8万次。这一数据也刷新了湖北日报抖音号的最高纪录，也再一次颠覆了笔者对"爆款"的认知。

再如《同行倒下了，病人还得继续救！武汉肺科医院胡明得知同行好兄弟感染病危，泣不成声！》，据编者说，在剪辑时，看第一遍原视频时，眼圈就红了。1月28日，武汉市肺科医院ICU主任胡明在接受湖北日报记者采访中途，接到一个电话后便泣不成声，原来是他的同行好兄弟、协和东西湖医院ICU主任袁海涛感染新冠肺炎病危。只有真情才会动人，这条短视频播放量达到1.47亿，被多家主流媒体转载，"哭泣的医生"一时间也成为全网热搜。袁海涛医生康复以及出院，湖北日报也都进行了跟踪报道，发布《哭泣的医生笑了，他的好兄弟康复了》《那位被哭泣的医生出院了》，均取得了很高的播放量，说明这一人物及故事始终让大家牵挂和揪心。

此外，还有《武汉别怕，我们来了（解放军医护人员抵达武汉）》《武汉金银潭医院院长张定宇自己身患绝症，妻子被感染，在抗疫一线奋战30余天》等短视频作品，都很好地将抗"疫"一线的真实情景呈现给了居家隔离的人们，让大家看到广大医护人员的艰辛和坚守，增强战胜疫情的信心，也有助于人们了解当前的严峻形势，主动配合疫情防控工作，一起打赢这场没有硝烟的战役。

信心，比黄金更重要。疫情肆虐，形势危急，唯有勇往直前才能取得最后的胜利。由于可视、可听、可感，短视频在暖人心、聚民心等方面具有明显优势。

《同济医生请愿参与治疗"不计报酬，无论生死！"愿平安！》就是这样一个现象级爆款作品。2020年1月21日，一份特别的"请战书"在网上流传，上面写着"现在病毒肆虐，如有需要，我自愿报名申请加入医院的各项治疗病毒性肺炎活动。不计报酬，无论生死！"湖北日报全媒体记者采访获知，"请战书"是同济医院医生所写，并迅速联系医院获得了有关视频素材。

湖北日报融媒体中心编辑将文字主题与视频素材相结合，精心制作抖音短视频。这段11秒的短视频分为三幕，第一幕"武汉医务人员正奋战一线"，配医生穿着厚重防护服全力救治患者画面；第二幕"一位有25年工作经验的主任医师写申请书自愿参与救治，'不计报酬，无论生死'"，配医生进重症监护室前穿防护服的画面；第三幕"致敬所有医护人员，愿你们平安归来"，配医生与患者交流的画面。背景音乐选取歌曲《奉献》中的一句——"我拿什么奉献给你，我不停地问，我不停地找，不停地想"。置生死于度外的"请战书"，播放量高达3.86亿次，点赞1940万，可以说是创下了《湖北日报》短视频作品最高纪录。

此外，《这真的真的是一个很好的消息！湖北首例！武大中南医院新技术成功救治新型肺炎患者》《大雪纷飞，武警湖北总队官兵火神山医院执勤！看到你们，心中总会充满力量！》《外地驰援物资车辆已进入武汉！车上写着"武汉加油！"》等多条既有正能量又有高流量的抖音短视频，迅速引发网友共鸣。透过"谁再说医生不好，全国人民不答应！""有一个这样强大的祖国，我们不怕！一切都会过去！"等留言，我们可以看到，这些短视频内容凝聚起了同舟共济、克难攻坚的强大力量。

三、发布求助信息，帮助受困个人及单位

扶危济困，为弱势群体发声，是媒体义不容辞的社会责任。疫情之下，很多人和单位遇到了困难，他们通过各种渠道向社会寻求帮助，其中通过媒体在抖音平台发布求助信息是一个很有效的方式。媒体因其权威性,可信度高,加之抖音平台的用户众多,求助信息一经发出,一般很快就会得到回应,很大程度上可以帮助当事人解决问题。

比如,2020年1月30日,武汉熊先生通过媒体平台发布求助,他的孩子刚出生几天,妻子查出疑似新冠肺炎,他和妻子都要被隔离观察,孩子爷爷也肺部感染,在家隔离,孩子和奶奶在另一房间,奶奶一人很难照顾这么小的孩子,熊先生希望能有好心人帮忙照顾一下孩子。媒体将熊先生的求助信息,结合他提供的孩子依偎在妈妈身边的照片,制作成短视频——《紧急求助!谁能帮忙照顾这名6天大的婴儿》,一经发出,便受到网友极大关注,短时间内播放量就达到8843.2万次,评论11.4万条,点赞188.2万。在湖北日报这条短视频的推动下,熊先生的问题很快得到了解决,但他的电话还是响个不停。于是媒体又立即制作了一条短视频,《武汉熊先生通过本报向社会求助后,孩子已有人照顾》,熊先生出镜感谢网友关心,并希望大家不要再打电话给他,也不需要大家捐款(熊先生称之前的捐款已经逐一返还给网友)。同时,媒体也在第一条视频的评论区置顶发布最新情况。这样,熊先生的电话才慢慢安静下来。

有人的地方才有传播,有人的地方才会有温暖。这一案例足以证明抖音短视频平台的强大影响力和号召力,真可谓是一方有难,八方支援。此类求助信息我们还发布了不少,比如《紧急求助!急需向社会征集医院防护用品,目前物资仅能支撑三五天!》《紧急求助!父亲确诊后去世,母亲感染急需医院床位!谁来帮帮她》等,都得到了广大网友的关注和响应。

四、小结

疫情就是命令,现场即是战场。据了解,处于疫情中心的湖北日报传媒集团160多名新闻记者投身疫情防控宣传最前沿。截至2月5日,湖北日报社新媒体平台累计发稿1.5万多件,综合浏览量超60亿,其中12件短视频作品、新媒体产品浏览量过亿。《湖北日报》以"众志成城 坚决打赢疫情防控阻击战"专版,刊发800多篇图文报道,"白衣勇士"张定宇等重大典型人物报道在全国产生强烈反响。

据湖北日报社相关负责人介绍,2月6日起,湖北日报新闻客户端还开设"记者在一线"专栏,呈现该集团新闻记者勇敢逆行、冲锋一线,用笔和镜头为打赢这场疫情防控阻击战所做的努力。

在这次疫情中,以抖音和快手为代表的短视频平台在信息发布和传播上发挥了巨大作用,也进一步吸引了更多的用户加入到了短视频行列中。截至10月10日,湖北日报抖音号粉丝已超2075万。亿级的播放数据和快速增长的粉丝,足以说明资讯短视频的强大威力。

毫无疑问,资讯短视频时代已经到来,媒体不能固守在自己的一亩三分地上单打独斗。新闻的意义在于传播,传播需要受众,受众在哪,媒体就要延伸到哪。试问,一个没有受众、没有影响力的媒体,如何履行媒体责任,完成自身担负的使命?据Quest Mobile报告,2019年短视频用户规模已超8.2亿。这个数字意味着什么,无需赘言。摆在媒体面前的选择只有一条,那就是拥抱短视频,在资讯短视频领域积极拓展,抢占阵地,抢夺话语权,扩大影响力。

第四节 民生新闻节目的创新传播策略研究
——以山东电视台《民生直通车》为例

一、《民生直通车》节目概况

《民生直通车》作为山东公共频道的一档大型民生新闻节目,也是山东省内第一档民生新闻节目。2004年正式开播,将"为百姓办事,替政府分忧"作为节目的宗旨,把百姓话语、平民视角和民生关怀作为节目的品格追求,得到了观众的认可和好评。AC尼尔森公司的调查数据显示,《民生直通车》最高收视率超过8%,市场份额接近30%,成为山东省最有影响力的民生新闻栏目之一。

2005年,《民生直通车》被评为山东省广播电视新闻十佳栏目。2007年,被评为山东省十佳新闻栏目,2008年被评为山东省直机关首届"十佳青年文明号"。《民生直通车》关注的新闻主要以省城为主,同时辐射全省及周边地区,节目来源以独立采编为主,注重新闻的第一现场和亲身体验,注重倾听百姓心声,反映社会所关注的热点,主动建立起民众与政府沟通的桥梁,积极为百姓排忧解难。每周一至周日17:55播出,包括节目开头的说天气板块在内,《民生直通车》栏目长度约为55分钟,栏目将每天最新的新闻事件,以主持人个性化的表现手段和风格加以展现。

2017年,在融合媒体的大环境下,《民生直通车》作为传统新闻媒体,积极适应新媒体与传统媒体的融合发展,进行全新改版,节目依旧强调第一时间、第一现场,但是新闻报道全面提速,365天24小时,关注省内的大事件,同时还设置了新闻话题,现在与新媒体融合后,观众可以通过在手机新闻客户端留言的方式参与话题讨论,发表自己对于新闻事件报道的看法意见。使作为民生新闻节目的《民生直通车》得以更贴近百姓,将话语权交给百姓,倾听百姓的声音。

二、《民生直通车》节目发展问题

虽然《民生直通车》关注更多的是注重服务、强调法律意识,但是纠纷类新闻的占比也是不少的。如节目中"济南:电视机送修近1年后却不见了"这一新闻事件,主要叙述的是消费者与厂家的纠纷之争;又如新闻事件"济南:男子嫌女友行为不检点失去理智挥刀捅人",新闻事件扩大了情侣之间的矛盾,将纠纷打架的现场搬上屏幕。

电视民生新闻节目善于报道老百姓生活中的繁琐、纠纷的小事,这种类型的新闻只为了单纯的博人眼球,激起受众的好奇情绪,但是这类新闻本身就没有任何意义,更不要说新闻价值。"使用和满足"理论解释了受众有一定的特定需求后,他们所进行的媒介接触活动就是为了去满足自己的"需求",而获得活动后感到满足。电视民生新闻节目对老百姓的纠纷事件加以渲染,使得受众在窥探到别人的事件后心里产生满足,受众的这种心理也潜移默化地影响着电视民生新闻节目的发展。所以电视民生新闻节目的这种"越界"行为,也一直成为学者批判的焦点。虽然"使用和满足"理论是在受众角度认为受众通过对媒介的积极作用,制约媒介传播。但是单凭受众的意志是远远不够的,电视民生新闻节目对于纠纷类事件的关注似乎应该把握一个度。

"清官难断家务事",这一类型的新闻事件很难具有客观性,百姓的纠纷关乎各自的利益问题,很难说清楚谁对谁错,电视民生新闻节目善于将打架、吵架的新闻渲染突出,甚至通过一些特效渲染矛盾。矛盾和纠纷愈演愈烈,在电视中夸张的呈现出来。这种报道的方式往往不能将事情最妥善地解决,往往这类新闻在播报后,只图一时热闹,不再去跟进,播完就结束了,事件缺乏客观性与真实性,对此类新闻的舆论引导也呈现出随意性的特点。在山东,除了《民生直通车》,还有很多民生节目都深受百姓的喜爱,比如《拉呱》《小溪办事》,但是此类民生节目也都有电视民生新闻节目的通病,关心的都是老百姓细枝末节的小事,关心纠纷类的事件,过度关注私人领域的越界行为而缺乏了公共性。

电视民生新闻节目在主张民主化传播的同时,也注重对社会性的事件进行反映曝光,但是在选择曝光的内容上有一定的倾向性。比如,在当今社会,涉及到诈骗类的新闻事件可以说很贴近百姓了,老百姓经常会遇到受骗上当的情形,对于这类新闻的报道成为了最受欢迎的题材之一。"骗子题材"不仅仅贴近百姓,又具有戏剧性。一般电视民生新闻节目对这类新闻的套路是:首先揭发这样的事件是骗人的,其次是对骗人的场景进行模拟,然后是被害人非常后悔的表述,最后主持人对骗子的行为进行嗤之以鼻的谴责,表达节目的看法,再提醒老百姓"提高警惕、切莫贪图小便宜"。这一种类的新闻确实对老百姓有着提醒的作用,特别是老年人容易上骗上当,而关注电视民生新闻节目的又是老年人居多,这也是一种服务精神,然而在提醒这个层面节目却只做表面工作,故事讲完了,提醒说完了,并不进一步去深化问责,只是追求新闻事件的走向,而不能去发现背后的原因和今后的预防问题。所以缺乏真正关乎大众的安全利益问题。而《民生直通车》纠纷类的新闻,节目善于将纠纷扩大化,这样的新闻,对一些公众的服务意识只局限于提醒上,没有去挖掘背后事实真相的意识,也不会涉及对于有关部门的责任追责[①]。

除此之外,《民生直通车》确实已经超越了"民生类节目"的范畴,但也不算是"联播式新闻",似乎让受众有点摸不透它的套路。到面对融媒

---

①张文静. 融媒体环境下电视民生新闻节目的创新传播策略研究[D]. 山东师范大学,2018.

体环境,《民生直通车》积极改版,打造数据新闻。改版后的民生新闻,涉及领域更加广泛,新闻呈现模式依旧是两位主播一起播报,有些像"山东的新闻联播",但是新闻内容又涉及广泛,加上与融媒体数据中心融合,节目形式又很灵活,从主播间切换到编辑室。但是总体来看定位不清晰,无法判断它是一档"民生节目"还是"联播新闻"。

三、《民生直通车》与融媒体

国家已经走进了"融媒体时代",媒介融合正是大势所趋,2009年,新媒体刚刚走进百姓生活的时候,人们完全不会相信一部智能手机就可以浏览天下大事,然而它真的做到了,传统媒体屡屡受挫。如今,新媒体和传统媒体似乎谁也不能离开谁,正朝着融合的道路发展着。

在融媒体环境下,山东广播电视台民生新闻在制作和传播过程中也进行了与时俱进的调整。以《民生直通车》为首的新闻节目,积极适应着媒介融合发展。为了应对新媒体的冲击,同时积极融合多种媒介形式,《民生直通车》于2017年全新改版。节目板块包括"海丽气象吧""大事件24小时""直播12345""新说法""大数据平台"几个板块,每一个板块都积极融合了多种媒体形式进行播出。气象板块中是全省傍晚时段最早的天气预报,并且天气预报的形式融合数据平台,有立体的图像视频呈现出天气预报;"大数据平台"运用的是编辑室的中央厨房指挥调度平台,对正在发生的正在编辑的新闻进行实时播报。目前《民生直通车》的传播不但运用传统电视媒体的传播平台,还采用了先进的新闻生产"车间",也就是山东融媒体资讯中心,融合了山东网络广播电视台、《闪电新闻》手机客户端、电视、手机以及移动电视等多种媒介形式,形成了新型的媒介传播模式。观众可以守在电视机旁看新闻,同时,《民生直通车》在"闪电新闻"手机客户端中直播,许多上班族只要手拿一部手机就可以看新闻直播,关注自己感兴趣的新闻事件,也可以通过手机客户端,找到专门的单条新闻事件播出。

《民生直通车》积极与多种媒介探寻着融合之路,而每一个媒介形式在传播过程中都扮演着重要的角色。

（一）创新集约化新闻内容生产体系——"中央厨房"的运用

山东电视台于2017年8月启用了融媒体资讯中心，这是一个新的内容生产、传播和运营体系。简单来说，可以理解为一个集约化的新闻内容生产车间，或者叫"中央厨房"。这个"中央厨房"式的新闻生产平台，打通了各个采编部门之间的隔阂，将每个频道的小型办公室搬到一个宽敞的大型办公室中，是一种"蜘蛛网"式的采编大平台架构，核心人员"人人见面"，不同频道的人员混编在一起，一体办公，跨平台协作。一些特别紧张、重大的新闻事件由编委会共同审核把关。这样在融媒体环境下的改变，首先改变的是新闻生产，去除以前粗放型的生产模式。同时，融媒体资讯中心的指挥调度平台，呈长方形布局，若有突发事件或者观众提供线索就马上会在调度平台显示，记者第一时间赶到现场报道。指挥调度平台实现了多方联系：可以通过手机新闻客户端与受众、编辑、政府部门的联系，实现信息选题广泛，重大新闻边审边改，受众回馈及时的效果。而融媒体资讯中心成立后，首批入驻的节目就包括《民生直通车》，利用媒体融合，做数据化的民生新闻。

这样一个"中央厨房"式的新闻生产体系，首先运用到了电视民生新闻节目中。由于山东省的民生新闻节目深受百姓的喜爱，从公共频道的《民生直通车》到齐鲁频道的《拉呱》，无不获得了百姓的好评，将融媒体资讯中心运用到民生节目中，可以更快的在系统中搜索到最切合民生的选题。由山东广播电视台投资运营生产的融媒体新闻旗舰产品《闪电新闻》手机客户端，正是连接融媒体资讯中心与民生节目的重要手段，有了这个新闻客户端，指挥调度平台实现了多方联系：可以通过手机新闻客户端与受众、编辑、政府部门的联系，实现信息选题广泛，重大新闻边审边改，受众回馈及时的效果。通过《闪电新闻》，受众可以在平台上发布身边的选题，融媒体调度中心实时观测新闻事件，实时派出采访。据山东省融媒体资讯中心统计，每日从平台收到的选题就多达百万条。传统电视民生新闻节目面对新媒体冲击，自身存在着很多不足，然而山东广电的这一举措，使民生节目的选题更加广泛，受众反馈也更加及时。这样一个创新集约化的新闻内容生产体系，充分运用到《民生直通车》的各个板块中:在2018年1月26日的节目中,主持人从直播间走出,走进融媒体资讯中心的指挥调度平台,在调度中心大屏幕前继续直播,当日,调度屏幕显示的新闻线索有1765670条,新增线索1655条,派出的采访是33个,待审稿件是两条,发布稿件4条。当日选题为36条,已完成两条。主持人在连线记者报道完一条"降雪导致多趟列车停运"的新闻后,随机在大屏幕上收到了观众的反馈留言。由此可见这样一个系统,打通了采编播之间的隔阂,传播更加迅速。

在《民生直通车》中,交通类的新闻占比较大,那么这类新闻在融媒体环境下以怎样的形式播出,可以用一个案例来具体阐述。案例:2017年11月27日,播出节目名称"一辆'黑校车'荷载14人塞35名学生"主持人在融媒体调度平台正在编辑的稿件中,随机选取了这样一条新闻,由于这是一条未编辑完的新闻,但是又是当天的新鲜新闻事件,画面切换到了融媒体咨询中心的新闻编辑区,由采集这条新闻的记者在电脑前为电视机前的受众介绍这条"黑校车"事件的来龙去脉,解说的同时编辑电脑中播放着记者采访时的视频。这条新闻全长1分43秒,和一条普通编辑完成的新闻事件在电视机中呈现的时间相同。

这种节目形式是《民生直通车》改版后的新形式。这种节目形式可以引起受众的兴趣,满足受众对新闻制作的好奇心理。并且在新媒体的冲击下,电视新闻的不足一直是发布不及时,在新媒体时代人们可以实时刷新新闻,这种信息获取渠道的拓宽能够更加满足人们对新鲜事物的追求。而《民生直通车》的这种新闻正在进行时的呈现形式,改变传统新闻生产的复杂繁琐的程序,将新进的发生的新闻以这种形式播出,其新闻的发布速度甚至赶超新媒体,令人不禁对民生新闻节目的创新前景充满期待。

(二)手机新闻客户端的运用

山东广播电视台运营投资生产的融媒体新闻旗舰产品——闪电新闻客户端于2017年1月11日正式上线。闪电新闻是山东广播电视台新闻资讯在移动互联网上的首发平台,开设时政、财经、体育、深度、影像等20多个特色栏目,对热点事件、突发新闻以及网民关心的话题进行实时直播,与电视屏幕实现互动式直播,可以第一时间传递来自现场的主流声音。《民生直通车》作为传统媒体的电视节目,不断探索着与受众之间的互动模式,试图可以通过节目的全新改版更加贴近受众,打造受众愿意去接受的媒介形式,这也是一种新旧媒体融合模式。

《民生直通车》积攒了足够的受众群,这足以打响自己的品牌效益,新媒体来袭必须有更灵活的思维,有融媒体的意识,积极适应改变,确定自己的优势。而《闪电新闻》就成了连接节目与受众的纽带,《闪电新闻》客户端上线后,已经生产了五万多条短视频,进行了5千多场直播,独家直播占比超过了70%。《民生直通车》节目的一大特色也在于其对于百姓在《闪电新闻》中报料呼声的关注,这对于节目新闻质量的整体提升具有极强的反馈意义。受众在收看节目的同时,可以通过手机客户端发表自己的看法,借助《闪电客户端》这样的手机媒体打破与观众的隔阂。电视媒体与受众沟通难是一大问题,通过新媒体得以与受众积极互动,突破"屏幕"的限制,与受众沟通更加顺利。在互动时,媒体人要加深对节目关注度中的难攻克问题,做到去真正解决百姓的"犯难"的问题。在一定程度上,借助于手机客户端这类新媒体的互动交流,也可以加深对新闻线索的挖掘,使受众对节目产生兴趣,起到一定积极地推助作用。

(三)创新传播四大系统

制作一期完整的新闻节目,少不了经历选题、采访、编辑制作、审核、新闻播出、受众反馈这几个过程,而在媒介融合的环境下,《民生直通车》在传播过程中也有所创新。

1.信息汇集系统

民生新闻节目的选题一定是来源于百姓身边的。通常的选题信源都是来自政府发布、热线爆料等。融合媒体环境下,大数据是完全可以将政府发布板块汇聚起来,呈现各个部门在的官方网站、微博、微信等平台发布的最新政策信息。如《民生直通车》与山东省质监局打造的板块《每周质量报告》,发布权威的质量检测报告,旨在服务观众的生活。除了政府发布外,信息汇集系统还包括热线爆料、山东省内的热点新闻和网络实时热点,记者会筛选出有价值的信息进行报题采访。

2.选题实时跟踪系统

山东卫视自行研制开发出了一套名为"畅媒"的采编系统,只要记者在这个系统上点击报题,基本信息填写完成后点击发送,审核通过就可以在系统的"今日选题"展示栏上看到记者报送的题目。山东省有17个地级市,为了应对突发新闻,山东卫视在17地市都派遣了记者,如果哪个地区发生新闻,资讯中心会马上提示,资讯中心也会第一时间去派遣记者到达现场。

3.新闻发布系统

新闻发布不仅仅是在电视机中的呈现,也会在手机新闻客户端、网络电视台呈现,同时在手机新闻客户端中,可以观看往期节目,也可以以文字形式观看当日新闻,突破了电视新闻转瞬即逝的缺点。

4.传播效果监测反馈系统

在《民生直通车》的新闻播出之后,这个系统能够及时展示齐鲁网热点、实时发稿量、山东卫视集大新闻栏目的报道量、传播力排行情况等重要指标。

以一个案例来观测这套系统在民生新闻中的运用:案例——"山东单县高考篡改案"。

2017年10月24日20:48,山东卫视菏泽记者站得到了单县高考篡改案即将开庭的消息,并将消息报到网络信息平台。21:50,值班编委紧急策划驻站记者马上联络采访事宜,派遣融媒体记者前往相关县进行采访,同时在《闪电新闻》客户端、齐鲁网发布简短文字消息。

10月25日15:00,案件开庭,记者在《闪电新闻》客户端、齐鲁网进行全程进行视频直播。15:03,编辑整理庭审要点在《闪电新闻》客户端进行图文实时直播。15:31,庭审结束后,记者深入采访。18:00,山东卫视《民生直通车》栏目播发"聚焦单县高考志愿篡改案"新闻,邀请法律专家走进演播室解说。

26日7:00,山东卫视《早安新闻》重新编辑后再次追踪报道,网络深度加工进行专家解读,记者撰写深度网络评论,进行二次传播延伸。

在25日到27日的三天里,这一事件被全国各大新闻网站转发,舆论持续发酵,影响力从区域延伸到了全国。

从《民生直通车》的融合发展来看,媒介融合给电视民生新闻节目带来新的技术与新的传播方式,可以说机遇多过于挑战,融合媒体下的《民生直通车》更加受受众的喜爱。电视民生新闻探寻的创新传播策略必定要首先经历自我转型,但是这样的转型是一个过程,有的电视民生新闻节目转型失败从而被淘汰,但是剩下的优秀节目会完成自我的转型,电视民生新闻的生命力犹在。

在今后的转型发展中,新旧媒体相互融合,优势互补,活力迸发,两种媒体会相互渗透发展,而电视民生新闻抓住融合的新世纪不断改进,才能在新的媒体环境下不被淘汰。

第五节 融媒体时代的主流媒体传播
——以央视频为例

2019年,对于媒体来说是非常关键的一年,许多新科技、新技术纷纷投入使用,推进了媒体行业更加深度的融合。2019年,也是中国5G技术商用的元年,它给通讯技术带来革命性变革的同时,也深刻影响了媒体行业的发展。由于5G的投入使用,人工智能、超高清视频传输等一系列技术也将应用于新媒体平台中,给新媒体的融合提升至一个新的高度。

2019年11月20日,中央广播电视总台推出了"央视频"手机APP(以下简称央视频),它运用"5G+4K/8K+AI"技术,主打短视频、慢直播等内容形式,成为一艘综合性新媒体平台的"航空母舰"。本节从央视频的技术应用、平台内容和优势整合的角度,来分析未来电视媒体的新媒体平台发展路径。从央视频中不难看出,未来新媒体平台的发展,"先进技术为基础,优质内容为支柱,整合优势为策略"的思路是大势所趋①。

---

①高艺.从央视频App探析国家新型主流媒体的智能融合路径[J].电视研究,2020(06):49-51.

一、传统电视新闻节目发展困境

(一)时效性差且存在滞后性

由于电视新闻制作和播出过程的线性特征,再加上收看节目的特定频道的限制,一般而言,从选题的确定到最后节目的播出需要经历较长的周期,这就在很大程度上影响到节目的新鲜性和时效性。

此外,依靠新媒体的社交属性特征,公众直接参与信息的传递和话语的表达,微博、贴吧、弹幕等媒介方式让公众的意见瞬时表达并得到立即回应。尤其是在一些网络舆论事件中,受害者最先在新媒体平台爆料,随后引起网友的极大关注,并将事件逐步推向高潮,直至引起相关部门的重视和传统媒体的关注。以2019年知名网络博主宇芽遭家暴案为例,受害者宇芽自爆被家暴的经过,引起网友的极大愤慨,随后警方和央视新闻介入,将事件推向高潮。

(二)受众固定化,节目吸引力不强

在年轻一代的记忆中,一些省、地市级的电视新闻频道通常是父辈们饭点的必备节目,1978年开播至今的《新闻联播》和之后的天气预报成为家家户户了解世界、了解中国的固定窗口。但在新媒体冲击的背景下,传统电视新闻节目存在受众固定化、节目形式单一、不易吸引年轻人关注的缺陷。

笔者在对身边的"90后"收看《新闻联播》的情况进行随机调查中发现,"90后"坐在电视机前收看节目的人越来越少。电视新闻正在逐渐淡出他们的视野。此外,传统电视新闻节目虽然在彰显主流价值观上具有不可比拟的优越性,但其呈现方式和话语结构仍相对僵化、沉闷,难以满足随着新媒体成长起来的年轻人更多个性化、多样化、综艺化的需求。这就使得在媒体融合的环境下,传统电视新闻节目吸引力下降、受众流失的局面。

二、融媒体时代央视新闻的守正创新

融媒体时代,面对传统新闻节目受众流失、节目僵化的局面,以央视新闻为代表的主流媒体主动寻求变革,深化传统媒体的改革,积极寻求

守正创新出路。

(一)坚持正确舆论导向,传递主流价值观

党的十九大报告指出:"要高度重视传播手段建设和创新,提高新闻舆论的传播力、引导力、影响力、公信力。"从央视新闻的媒体属性来说,作为国家级电视新闻媒体,必须以传递主流价值观为使命,以发掘优质精品内容创新为核心,坚持正确的舆论导向,传播社会正能量。分析央视新闻微信、微博、客户端中内容的发布情况,坚持正确舆论导向,传递主流价值观的占据优势比例。

这就对央视新闻工作者提出了坚守社会责任、传播正面新闻、构筑民族自信的要求。纵观央视新闻工作者的学历,其中不乏北大、清华、海外留学的高等院校毕业生,高学历背景为央视新闻坚持正确舆论导向,加强对社会民生事件的关注,收集民情、反映民意做了强有力的人才支撑,使得央视新闻始终秉承服务百姓、传递主流价值观的精神,不断扩大主流媒体的影响力。

(二)转换话语模式,吸引更多年轻群体

"温良恭俭让""遮羞布""国士之品"……不论是民间俗语,还是专业用语,央视新闻2019年7月推出的《主播说联播》节目,让人们刻板印象中严肃僵化的新闻风格变得轻松易懂,传播度和熟识度提高。这种话语风格的转变"既是一种实力的低调,又是一种文明的自信",以博大精深的中华文化为支撑,话语表达模式硬核又亲民。受众不仅可以在碎片化的时间了解《新闻联播》的主要内容,还可以跟着主播学金句、讲段子,受众本身在接收信息的同时也变得充满文化内涵。

央视新闻话语方式的转变,除了优秀传统文化底蕴的支撑,主持人风格的转变也发挥了很重要的作用。《共同关注》节目主播朱广权凭借春节期间"地球不爆炸,我们不放假,宇宙不重启,我们不休息,风里雨里节日里,我们都在这里等着你"的段子式播报迅速走红。2019年12月,央视新闻微博#朱广权对冷空气下嘴了#话题引发网友关注,该条新闻达到12.4万热搜;不仅如此,朱广权的段子合集已经在B站拥有了单条视频400万播放量的惊人成绩,2019年新年跨年晚会中,他还成为B站跨年春晚主

持人。

此外,随着2019年中央广播电视总台《主持人大赛》的热播,在节目中担任评委的央视名嘴话题热度随之攀升,尤其是由康辉、撒贝宁、朱广权、尼格买提4位男主持组成的"康撒朱尼"组合。"互怼合集""花式争宠"不断,更有"康撒朱尼"表情包合集,"饭圈用语""电视新闻也可以举着荧光棒"等网络化的语言表达方式,不仅创新了与当下年轻人的交流方式,而且也释放了央视新闻媒体在融媒体时代守正创新、与时俱进的信号。

(三)拓宽传播渠道,多媒体平台全面布局

央视新闻依托官方主流媒体平台的资源优势,顺应融媒体时代潮流,积极寻求突破路径。2019年7月,《主播说联播》正式上线,该栏目可以称为《新闻联播》的"精华版"。2019年8月,《新闻联播》微信公众号正式上线,随后,央视新闻入驻快手、抖音,并在2019年10月初入驻B站,"确认过眼神,你是有眼光的人"。2019年11月,央视频APP正式上线;2020年元旦,央视又入驻喜马拉雅APP,首日"涨粉"破百万。央视新闻通过"两微一端"、自媒体平台积极拓宽传播渠道,多媒体平台全面布局。

其中,央视新闻还迎合当下短视频潮流,国庆期间#大国外交最前线康辉Vlog#横空出世,网友转发中写道"第一次看到如此硬核的Vlog""从此以后Vlog分为康辉的Vlog和其他Vlog两类"。康辉的第一支Vlog在微博获得4000多万观看,在B站突破230万播放量。央视新闻通过各种新媒体手段吸引了更多年轻受众,塑造了有温度、有态度的传播形式,在竞争激烈的媒体环境中,给电视新闻的守正创新带来无限可能。

三、从央视频APP看未来新媒体平台发展思路

(一)先进技术为新媒体平台做铺垫

在5G技术出现之前,媒体直播受制于数据传输速度,使得直播节目的制作、传播、推广等受到很大的制约,创造的经济效益也大打折扣。彼时,记者如果遇到突发新闻,且没有专门的直播设备,只能通过手机直播时,有时就略显吃力,直播画面不够清晰,声音断断续续,甚至直播信号时有时无,非常影响直播效果。而在5G出现之后,这些问题便可迎刃而解。

5G主要有如下几个特点:第一,数据传输速度快,最高可达10G bit/s,其理论传输速度是4G LTE网络的100倍。第二,时延低,4G的时延是30~70毫秒,而5G的时延可低至1毫秒,可以满足远程实时应用的需求。第三,5G拥有巨大的网络容量,可以在一定范围内提供千亿设备的连接能力。除此之外,5G还能提高网络安全性和稳定性,允许多种智能化设备之间进行连接。依靠这些特点,5G将成为新媒体直播的重要技术基础。

在5G时代,在线直播有几个需求必须满足。首先,低时延或无时延。在这个信息爆炸的时代,信息传播的速度是每一个媒体的极致追求,这在视频直播中显得尤为重要。低时延可以保证画面的实时传输,让观众有身历其境的感受,仿佛将自己置身于事件发生的现场。其次,由于5G提高了信息上传和下载的速度,它可以将直播数据流实时上传至云端处理,这更加保证了直播的质量。最后,在未来,5G还可以实现AR/VR直播,强化观众的代入感和接近性,并且允许多设备互联,使直播更加智能化。

5G也让超高清画面得以实现。4K和8K并不是新兴概念,但是囿于传输速度和播放设备,一直未能很好地推广。随着技术的不断完善,4K转播、4K电影等受到媒体的青睐。4K/8K的优势在于拥有更高的画面质量和更多的画面信息,画面帧数也能提高到最低60帧,能极大地提高观感体验。不过,也正是因为其高质量的画面,必须要有强大的数据流支持才能实现4K清晰度。5G的出现正好解决了这个关键问题。

那么,央视频结合5G、4K/8K、AI技术,更像是各取所长、相辅相成。首先,5G技术提供了稳定的视频数据流支持,满足直播节目极低时延、极速传输的需求,也保证用户数据、平台数据能实时上传下载;其次,超高清为用户献上顶级视听体验,在央视频APP上不仅能够收看CCTV—超高清频道和一些4K节目,还可以做到4K投屏,满足不同场合的需要;最后,通过AI技术,由大数据和智能算法分析用户的使用习惯,为用户量身打造内容菜单,精准推送。除此之外,央视频还采用了先进的"大中台,小前台",即APP内多功能面对用户复杂需求、大中心提供强劲数据支撑的技术结构,实现了内容数据、用户数据等共享分享、互联互通。总的来说,央视频APP在技术上能够满足用户的需求,也顺应新媒体平台发展的趋势。

（二）以优质内容吸引用户

媒体行业中有一个四字真言——内容为王。无论是传统媒体还是现在的新媒体平台，不管渠道发生怎么样的变化，为用户提供优质内容的核心从未改变。以优质内容来吸引用户，也必定是新媒体融合平台运营的关键所在。

但是，在新媒体时代，"内容为王"的内涵也发生着变化，也对内容作者提出了新的挑战。第一，内容须更具创新性。网络媒体内容参差不齐，人们已经厌倦了形式老旧、高度同质化的作品，观众更愿意看到的是拥有独特创意、新颖题材和深刻内涵的内容。第二，内容更加碎片化。有学者认为，内容碎片化是计算机与网络技术进入现代社会的必然产物，因为碎片化信息更易获取、更易阅读、更省时间。而如何在碎片内容中浓缩更多信息，不仅考验创作者的专业素质，也需要作者在形式上进行创新。第三，内容须更具交互性。随着网络媒体的发扬壮大，内容已经不再是由媒体输出到受众的单一方向传播，而是媒体到受众、受众到受众互相输出的双向传播。观众不仅可以对内容进行评论，对内容提出自己的见解，在一定范围内还能对原内容进行再加工。不同的创意相互碰撞，就催生出富有生命力的内容生产模式，这些内容所衍生出的所谓"梗"，已经形成了各式各样独特的亚文化圈。

短视频一般指时长在5分钟以内的视频，因其制作门槛低，生产过程简单，内容又常常带有趣味性，所以深受年轻人的欢迎。而以往主流媒体的新媒体平台，给人的印象往往是充满官方发布的严肃性，央视频则反其道而行之，侧重"轻娱乐"和"轻松态"，意图改变人们对传统媒体新媒体平台的固有印象，吸引更多年轻用户。平台中短视频的内容不仅有时政、社会、财经新闻，也囊括了美食、健身、旅游、影视、综艺、文史、情景短剧等各种内容的视频，用户可以在平台中寻找感兴趣的话题和事件，也可以关注央视频号，即可第一时间收看到更新的内容。目前，央视频平台已经有一批优秀的原创视频作者入驻，可以确保短视频内容的质量。

除了短视频，央视频还主推慢直播。以往，在发生重大新闻或者突发事件时，因为其重要性和敏感性，适合采用直播的报道形式。这类直播随事件的开始而开始,结束而结束,目的性非常强。对比这类所谓"快"直播,慢直播往往持续时间更长,镜头比较固定,虽有主题但目的性较弱,观众可以一边收看直播,一边做其他事情,等画面中有突发情况或转折时再来关注。慢直播之所以能吸引观众,是因为它能给观众带来未知的好奇感和环境的代入感,没有人知道接下来会发生什么,观众可以自己去观察和感受。央视频中,比较受欢迎的慢直播有iPanda熊猫频道的《"圆滚滚"的吃播》,节目24小时高清直播成都大熊猫繁育研究基地的大熊猫们的饮食起居,在线观看人数一直保持在7000人以上;看看新闻Knews频道的《上海这一刻:陆家嘴》,将陆家嘴的全貌尽收眼底,镜头中包括了上海的标志性建筑——东方明珠电视塔,以及上海中心大厦、环球金融中心等。观众可以在画面中静静欣赏,无需时刻紧盯屏幕,得到身心的放松。

当然,央视频也将CCTV以及各省卫视节目融合进来,用户可以时刻点开任意频道收看,同时央视频也允许用户回看和预约节目,保证精彩不错过。平台还有4K视频和纪录片节目库,极大地丰富了平台内容。

(三)以优势整合为平台策略

新媒体平台最大的特点是"融合"二字,如今,媒介融合更加强调全面融合、深度融合。平台通过对技术和资源的融合,整合媒体的优势,才能打造出真正的融媒体平台。虽然网络媒体发展迅速,但是电视媒体依然是规模最大的媒体平台,而且从电视媒体的市场份额来看,央视一直是一枝独秀。相比于其他的主流媒体,央视拥有无与伦比的资源和技术优势,也掌握着媒体话语权,因此,在搭建新媒体平台时,央视也力图将电视端的巨大优势整合进来。电视媒体受众加上网络新媒体受众,央视频可以覆盖多个年龄的人群。

其实,央视在新媒体平台早已开始行动。在微博上,央视官方账号"央视新闻"拥有11363万粉丝;在抖音、快手等短视频平台上,"央视新闻""新闻联播"等媒体号表现抢眼。

以央视新闻为代表的主流媒体积极主动寻求突破,一手抓栏目内在品质提升,一手抓新媒体传播创新突破,多媒体平台全方位布局,积极转变话语模式,谋求与年轻化受众的互动共鸣,成为新时期传统电视新闻节目守正创新的独特样本。在《主播说新闻》等栏目中,平时正襟危坐的新闻联播主持人们调侃时事,针砭时弊,妙语连珠,这种轻松的形式受到了年轻观众的追捧。也就是说,央视已经在网络媒体中积攒了自己的人气,在年轻受众人群中也拥有了口碑。所以,央视频APP的推出,也是央视打造自己品牌的新媒体平台的战略布局,通过多屏合一、资源整合的方式,将各个终端的优势整合到一起。在新媒体时代下,这种平台策略可以使央视品牌更具有市场竞争力。

四、小结

从央视频APP身上,可以看出新媒体平台发展的一些思路,即"技术先行、内容为王、优势整合",这三者环环相扣,缺一不可。在市场竞争无比激烈的新媒体行业,拥有技术则手握主动,拥有内容则吸引受众,整合优势则增强竞争力。将来还会产生更多新的通信技术和视频技术,但是媒体做精品内容的内核始终不会改变,整合自身的强处,将力量聚于一点或一面,就能有所突破。贯彻全面融合,方可决胜未来。

当然,以当下央视频的整体运营情况来看,还有一些地方需要改进或提高,才能成为真正的"国民级"APP。第一,目前央视频得到央视在电视端及网络媒体端的宣传,但是宣传力度还须加强,目前平台人数依然不足以形成用户社区,这也会导致无法达到央视所预期的目标:将央视频打造成视频社交媒体;第二,平台中短视频、直播节目交互性尚且薄弱,具体表现在视频下评论和直播间弹幕较少,当然这个问题有部分原因是用户数还不足;第三,想要吸引更多受众,保持媒体平台的活力,央视频必须邀请更多优秀的内容原创作者和直播团队入驻,为KOL提供主流平台,再借助他们在用户中的影响力,实现双赢。

以央视新闻为代表的主流媒体在融合发展的过程中既探索了体现自身定位和使命的大格局,又通过拓宽传播渠道、丰富话语内容实现对严肃话题的创意策划和网络化描述,促进优质新闻内容与平台特色相结合,不断加强与受众的交流对话。相信在不久的未来,电视新闻媒体也将顺应主流媒体的变化趋势,加快自身守正创新的脚步,推动媒介融合的深度发展。

参考文献
References

[1]蔡峻岭.传统媒体与新兴媒体新闻传播互动问题研究[J].北京印刷学院学报,2020,28(05):6-9.

[2]陈昌凤.社交时代传播语态的再变革[J].新闻与写作,2017(03):46-50.

[3]董姝.融媒体视域下新闻传播研究与分析[M].长春:吉林人民出版社,2018.

[4]高艺.从央视频App探析国家新型主流媒体的智能融合路径[J].电视研究,2020(06):49-51.

[5]郭鹏雁,马冬.融媒体时代新闻标题传播特色及效果分析[J].西部广播电视,2020(11):42-43.

[6]扈本发.探析融媒体时代的新闻策划[J].中国新通信,2020,22(12):147-148.

[7]胡洪春.机遇、挑战与使命 融媒体时代的传媒教育[M].北京:中国传媒大学出版社,2017.

[8]霍学全.融媒体背景下新闻传播创新途径[J].中国报业,2020(16):30-31.

[9]金梦玉.融媒体时代下的传媒教育[M].北京:中国广播电视出版社,2014.

[10]李坤.浅析短视频在疫情防控报道中的传播作用——以湖北日报抖音号为例[J].新闻前哨,2020(07):24-25.

[11]刘昶,哈艳秋.新闻传播学前沿[M].北京:中国传媒大学出版社,2019.

[12]刘宏,栾轶玫.新闻传播理论[M].北京:中国传媒大学出版社,2016.

[13]栾轶玫.融媒体传播[M].北京:中国金融出版社.2014.

[14]马芳.新闻传播在融媒体时代的创新发展[J].传播力研究,2020,4(06):10-12.

[15]庞晓虹.融媒体新闻生产的实践思考[J].宁波大学学报(人文科学版),2020,33(05):125-132.

[16]权若青.融媒体背景下新闻传播路径研究[N].贵州民族报,2020-09-24(B03).

[17]孙惠敏,漆小平.当代环境文化与新闻传播研究[M].杭州:浙江大学出版社,2017.

[18]孙洁.论如何用新闻塑造融媒体核心价值[J].传媒论坛,2020,3(11):25+28.

[19]王宏.融媒体实务[M].北京:中国传媒大学出版社,2020.

[20]王卫峰.打造融媒体爆款新闻 提升主流媒体传播力[J].记者摇篮,2020(07):104-105.

[21]王晓清.融媒体新闻架构原则与传播方式初探[J].新闻战线,2019(22):110-112.

[22]王醒.新闻传播论文集[M].太原:山西人民出版社,2009.

[23]王雪纯.关于电视新闻融媒体转型的路径与反思[J].传媒论坛,2020,3(21):149-150.

[24]乌日娜.论新闻传播教育的创新发展[J].采写编,2020(03):143-144.

[25]熊希伦.融媒体背景下报纸新闻传播的创新发展研究[J].新闻研

究导刊,2020,11(13):243-244.

[26]颜林翩.融媒体背景下新闻本科应用型人才培养途径[J].新闻研究导刊,2020,11(18):35-36.

[27]闫相儒.浅析互联网时代电视新闻语态的持续演变[J].传播力研究,2019,3(05):232.

[28]杨帆.融媒体语境下新闻采访报道的创新发展[J].传媒论坛,2020,3(20):77.

[29]杨永亮.移动互联时代新闻语态的微观化表达[J].声屏世界,2017(12):21-22.

[30]姚璇.融媒体时代的电视新闻转型浅析[J].视听纵横,2019(03):9-10.

[31]叶伟良.融媒体时代对广播电视新闻记者的要求及应对措施研究[J].西部广播电视,2020,41(17):132-134.

[32]张丹丹.新时代新闻媒体创新发展浅析[N].赤峰日报,2020-10-06(003).

[33]张梅珍.全媒体时代的传媒发展与新闻传播教育重构[M].武汉:武汉大学出版社,2017.

[34]张书凝.融媒体框架下的新闻传播形式研究[J].西部广播电视,2020(14):68-69.

[35]张文静.融媒体环境下电视民生新闻节目的创新传播策略研究[D].山东师范大学,2018.

[36]邹映华.融媒体时代下新闻编辑技巧创新提升[J].传媒论坛,2020,3(20):45-46.